Ingrid Kraaz von Rohr

Farbtherapie

Ingrid Kraaz von Rohr

Farbtherapie

Das Basiswissen über Wirkung und Anwendung der Farben

nymphenburger

Sonderproduktion 4. Auflage 2011

Besuchen Sie uns im Internet unter
www.nymphenburger-verlag.de

Umschlaggestaltung: Wolfgang Heinzel
Satz: Walter Typografie & Grafik GmbH, Würzburg
Gesetzt aus: Optus 11/14 pt
Druck und Binden: GGP Media GmbH, Pößneck
Printed in Germany
ISBN 978-3-485-01200-3

Inhalt

Farben im Alltag

Wie erweitere ich mein Farbbewusstsein?

1

Was halten Sie von Farben? Sie finden, das sei eine merkwürdige Frage, die sich schlecht beantworten lasse? Sie überlegen. Sie finden Farben schön, viele jedenfalls, es kommt auf die Mischung an, die Kombination. Sie entdecken: Farben sind in unserer Umwelt wichtig, als Signalfarben, im Autoverkehr. Farben dienen als (Farb-)Leitsysteme, an denen wir uns im Alltag orientieren. Farben sind also »praktisch«.

Die Bedeutung der Farben im Alltag

Darüber hinaus haben Sie vermutlich eine Lieblingsfarbe, die meisten Ihrer Kleider sind in dieser Farbe gehalten. Es gibt Farben, die Ihnen sehr gut stehen, andere hingegen überhaupt nicht. Manche Farbtöne mögen Sie nicht so sehr, die machen Sie traurig, düster. Und dann diese modernen grellen Farben, in denen jetzt alle Welt herumläuft, dass es einem in die Augen sticht! Dagegen wie schön ist es, in einer grünen Wiese zu liegen und in einen blauen Himmel mit weißen Wölkchen zu schauen!
Kommen wir zur nächsten Frage: Was wissen Sie eigentlich über Farben?
Bestimmte Farben haben eine symbolische Bedeutung: Rot ist die Liebe, Gelb der Neid, Blau die Treue,

Grün die Hoffnung (oder war es umgekehrt?), Weiß die Unschuld. Sie kennen auch einige »farbige« Redensarten: Jemand sieht rot vor Wut; trinkt Alkohol, bis er blau ist; ärgert sich am nächsten Tag über seinen Kater schwarz oder wird gelb vor Neid, weil er nicht so frisch ist wie sein Rivale, der wiederum die Welt vor lauter Verliebtheit durch eine rosa Brille sieht – er ist jedenfalls kein Schwarzseher.

Woher kommen diese Redewendungen? Warum sagt man, jemand sei gelb vor Neid? Im Normalfall ist diese Person keineswegs tatsächlich gelb im Gesicht. Dennoch: Wenn man ständig von Neid und Ärger erfüllt ist, schlagen sich diese negativen Gefühle auf die Leber und schließlich auf die Galle. Deren Fehlfunktion führt dauerhaft zu einer Gelbfärbung der Haut und des Augenweiß. Es steckt also durchaus ein tieferer Sinn hinter solchen Redewendungen, der häufig mit den inneren Farben, die mit den Augen zunächst nicht wahrnehmbar sind, zusammenhängt.

Der tiefere Sinn von Redewendungen

In der heutigen Zeit sind uns in vielerlei Hinsicht unsere Wurzeln verloren gegangen – zumindest aus unserem Bewusstsein. Wir lernen zwar, dass Farben hübsch sind, aber wir haben keine Ahnung, warum wir einige Farben anziehend, andere eher abstoßend finden. Farbe wird heute von vielen Menschen nur sehr eingeschränkt wahrgenommen, aus einem riesigen Farbspektrum werden viele Tönungen herausgefiltert. Leider unterscheiden wir heutzutage nur noch zwischen attraktiven und weniger anziehenden Farben. Wir wissen nichts mehr von den Farben als organischem System, in dem wir fest verankert sind und in dem es ein sensibles Gleichgewicht zu finden und zu halten gilt.

In den alten Kulturen Ägyptens, Griechenlands, Chinas und Tibets sowie auch in denen vieler amerikanischer Völker herrschte ein tiefes Wissen von der Bedeutung der Farben für den Menschen. In Ägypten existierten Tempel, in die man sich zur inneren Heilung zurückzog. Die Innenräume waren in tiefblauen, violetten und blassrosafarbenen Tönen gehalten, und ihre heilende Wirkungskraft bezogen diese Räume eben aus der Farbstrahlung. Die Alten wussten um die Energien, die in den Farben vorhanden sind, lange bevor physikalische Messungen ergaben, dass Farbe in unterschiedliche Wellenlängen beziehungsweise Schwingungsfrequenzen zerlegtes weißes Licht ist.

Das Wissen von der Energie der Farben

In naturwissenschaftlicher Terminologie können wir beschreiben, dass die jeder Farbe eigene Schwingungsfrequenz Kälte- oder Wärmeempfinden hervorruft: dass Rot zum Beispiel die längste Wellenlänge und die langsamste Schwingungsfrequenz hat, Violett hingegen die kürzeste Wellenlänge mit der höchsten Schwingungsfrequenz. Hier wiederum ist es schwer erklärbar, dass die Farben des Blauspektrums trotz ihrer hohen Schwingungsfrequenzen ein Gefühl der Kälte hervorrufen, während bei den niedrigen Frequenzen der Farben des Rotspektrums Wärme empfunden wird.

Lange bevor die modernen Wissenschaften sich dieser Phänomene annahmen, spielte Farbe in alten Traditionen eine wichtige symbolische Rolle. Viele Farben haben archetypische Bedeutungen, die aus der Weisheit früherer, naturverbundener Generationen erwachsen sind.

Wir sollten versuchen, uns dieses Wissen wieder zu eigen zu machen, denn Farben haben eine starke

Heilkraft für den Menschen in seiner Ganzheit, für seinen Körper ebenso wie für Geist und Seele. Mit der Heilkraft der Farben können wir nicht nur Krankheiten lindern oder heilen, wir können auch psychische Belastungen und Verspannungen lösen, und wir können mit Hilfe der Schwingungsenergien der Farben unsere Seele berühren und auf dem Weg unseres spirituellen Wachstums weiterkommen.

Die Heilkraft der Farben

Mit diesem Buch möchte ich Ihnen verdeutlichen, welche tiefere Bedeutung den Farben für unser Leben zukommt und wie wir die Heilkräfte der Farben ganz konkret anwenden und für ein gesundes, harmonisches und glückliches Leben nutzen können.

Einige Farbtheorien

Farben spielten in der Menschheitsgeschichte immer eine bedeutende Rolle, und immer wieder haben Gelehrte auch versucht, ihre Erkenntnisse von den Bedeutungen der Farben in Theorien niederzulegen. Ich möchte Ihnen aus der großen Fülle an Farbtheorien nur vier in kurzen Umrissen vorstellen: die Bedeutung des östlichen Yin-Yang-Symbols, die Vorstellungen von Goethe, der seine Farbenlehre für sein wichtigstes Werk hielt, die Lehre des Schweizer Psychologen Max Lüscher, der den in der Psychologie weltweit eingesetzten »Lüscher-Test« entwickelt hat, und den von mir erarbeiteten »Farben-Test« sowie meine »Farbkarten« (siehe Kapitel 6 und Anhang).

Die Erforschung der Bedeutung der Farben

Yin und Yang

Im östlichen Weltbild spiegeln Yin und Yang die Polarität der Welt wider: zwischen Licht und Dunkelheit, Weiß und Schwarz - auch Gold und Silber - , Männlich und Weiblich, Plus und Minus. Sämtliche Farben lassen sich von ihrer Schwingungsenergie her in Yin und Yang, in helle und dunkle Farben einteilen, manche wirken allerdings neutral. Während Rot und Grün beispielsweise Komplementärfarben, also Ergänzungsfarben sind, muss man Weiß und Schwarz als Gegensatzfarben betrachten.

Yin und Yang werden keineswegs als »gut« und »schlecht« gewertet, vielmehr gehören sie als positive Kräfte eng zusammen: ohne Licht kein Schatten.

Ohne Licht kein Schatten

Das Yin-Yang-Symbol ist als Kreis dargestellt, in dem die beiden Seiten ineinander verschlungen sind und jeweils einen Teil des anderen in sich enthalten (siehe Abbildung 1).

Abbildung 1: Yin und Yang

Goethes Farbenlehre

Ein umfassendes Werk über die Farben

Goethes Theorie der Farben ist ein umfassendes Werk, an dem er Jahrzehnte arbeitete und das sich in seiner bewundernswerten Komplexität hier nicht darstellen lässt. Ich möchte Ihnen an dieser Stelle einige Grundzüge der Theorie erläutern:

Goethe geht von einem Farbenkreis aus, auf dem nach ihm viele andere Forscher ihre Theorien aufgebaut haben (siehe Abbildung 2). Dieser Farbenkreis ist aus den drei Primärfarben Blau, Rot und Gelb sowie deren dazugehörigen Mischfarben Violett, Orange und Grün gebildet. Will man diese Farben der oben beschriebenen östlichen Symbolik zuordnen, so entsprechen die hellen, warmen und aktiven Farben Orange und Gelb dem Yang als der Plusseite, die dunklen, kühlen und passiven Farben Violett und Blau dem Yin-Bereich als der Minusseite.

Goethe nannte die Farben der Plusseite lebhaft, regsam und strebend, was nach heutiger Terminologie als stimulierend, extensiv und expansiv zu bezeichnen wäre. Die Farben der Minusseite wecken hingegen eine ruhige, weiche, sehnende Empfindung, sie wirken also mehr introvertiert. Rot steht dazwischen und kann, je nach Färbung, beiden Bereichen angehören. Grün ist eine neutrale Farbe, die als ausgleichende, ruhende Mitte aller Farben zu betrachten ist. Goethe ordnete den beiden Farbgruppen qualitativ unterschiedliche Erregungszustände zu; zum Beispiel nannte er Violett die Farbe der schöpferischen Unruhe. Für ihn sind Farben wirkliche Energien »Taten des Lichts. Taten und Leiden«. Jede Farbe sei innerhalb des gesamten Lichtspektrums als Brechung zu verstehen.

Farben sind wirkliche Energien

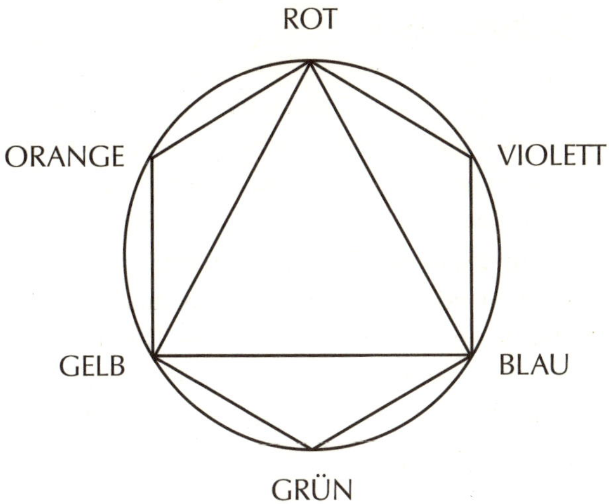

Abbildung 2: Goethes Farbkreis

Der Farben-Test

Breite Anwendung findet mittlerweile der von mir entwickelte Farben-Test, besonders in therapeutischen Bereichen. An dieser Stelle möchte ich Ihnen einen kurzen Überblick über die ihm zugrunde liegenden Prämissen geben.

Breite Anwendung in therapeutischen Bereichen

Ich gehe davon aus, dass in einem gesunden Menschen die Aura und die einzelnen Chakren (siehe 2. Farben und Wohlbefinden) in den ihnen zugeordneten natürlichen Harmoniefarben schwingen. Tritt eine Schwächung oder Krankheit an einer bestimmten Körperstelle auf, so verfärbt sich das dafür zuständige Chakra. Der Organismus erleidet ein Farbendefizit, das mit einer entsprechenden Heilfarbe aufgehoben werden kann.

Der Farben-Test eröffnet die Möglichkeit, Farben zu ermitteln, derer ein Mensch dringend zur Heilung oder Stärkung bedarf, wobei unterschieden wird zwischen Farben, die im emotionalen, im seelischen und im körperlichen Bereich benötigt werden. Darüber hinaus vermittelt der Test, an welchen Stellen Probleme lauern, mit welchen Schwächen man zu kämpfen hat, wie man sich das Leben erleichtert. Und er gibt klare Hinweise auf die karmischen Aufgaben, die ein Mensch zu erledigen hat.
Der Farben-Test ist in diesem Buch an anderer Stelle ausführlich dargestellt (siehe 7. Farbtests).

Lüschers Farbenzuordnung

Jede Farbe steht für ein anderes Selbstgefühl

Max Lüscher geht von vier Grundfarben aus: Rot, Blau, Grün und Gelb. Jede Farbe steht hier für ein anderes Selbstgefühl und ruft je unterschiedliche Empfindungen und Verhaltensweisen hervor. Für Lüscher besteht die Lebenskunst des »Vier-Farben-Menschen« darin, diese Farben für sich so anzuwenden, dass die vier zugrunde liegenden Fähigkeiten und Selbstgefühle zu einer optimalen Kombination führen.
Rot bewirkt Erregung und Aktivität und gibt Selbstvertrauen und ein starkes Gefühl von eigener Kraft. Blau ruft Ruhe und Befriedigung hervor, entspricht also einem Selbstgefühl der Zufriedenheit und Einordnung. Grün ist die Farbe der Festigkeit und Beharrung. Sie verschafft Selbstachtung und stärkt die eigene Identität. Gelb bewirkt Lösung und Veränderung, steht also für Freiheit und Selbstentfaltung.

Bewusste Selbstbeobachtung

Bevor Sie nun meinen Ausführungen zur tieferen Bedeutung von Farben und ihrer umfassenden Heilkraft für den Menschen folgen, sollten Sie zunächst einige Überlegungen zu Ihren eigenen Reaktionen auf Farben anstellen.

Wie reagieren Sie auf Farben?

Gehen Sie in Ihrer Erinnerung die letzte Woche oder einen anderen prägnanten Zeitraum durch, und finden Sie heraus, mit welchen Farben Sie bewusst oder unbewusst zu tun hatten. Wie haben Sie sich in den jeweiligen Situationen gefühlt? Ist ein aufgetretenes Behagen oder Unbehagen möglicherweise gekoppelt an eine bestimmte Farbe, die Sie umgeben hat? Rufen Sie sich alle Bereiche in Erinnerung, die mit Farben zu tun haben. Welches ist Ihre Lieblingsfarbe? Wie fühlen Sie sich, wenn Sie Ihr Lieblingsbild betrachten? Welche Farbe hat es? Wie fühlen Sie sich in welcher Kleidung, in welchem Zimmer Ihrer Wohnung? Können Sie sich noch entsinnen, welches Ihre Lieblingsfarben in einer besonderen Periode Ihres Lebens, beispielsweise während einer Schwangerschaft, waren? Können Sie sich an ein Kleidungsstück in Ihrer Kindheit erinnern? Gehören Sie zu den Menschen, die morgens gefühlsmäßig entscheiden, welche Kleidung sie tragen wollen?

Beobachten Sie sich künftig genau. Sie werden über Ihr Farbverhalten gleichzeitig mehr von sich selbst, von Ihren Vorlieben, geheimen Gefühlen und Bedürfnissen erfahren.

Das Farbverhalten verrät viel über den Menschen

2 Farben und Wohlbefinden

Wie kann ich mich mit Hilfe der Farben gezielt entspannen, Erschöpfung überwinden, neue Kraft finden?

Farben spielen eine entscheidende Rolle

Farben spielen in unserem Leben eine entscheidende Rolle, und zwar auf eine sehr viel subtilere und kompliziertere Weise, als man gemeinhin annimmt. Hinter Erwägungen wie »Rot ist meine Lieblingsfarbe« oder »Blau steht mir nicht« stehen komplexe Zusammenhänge, die viel aussagen über Ihr eigenes körperliches, seelisches und geistiges Befinden wie auch über das Ihrer Mitmenschen.

Sicher kennen Sie die Situation: Ein Ihnen völlig fremder Mensch betritt einen Raum, in dem Sie sich bereits aufhalten – zum Beispiel ein Wartezimmer in einer Praxis –, und plötzlich bemächtigt sich Ihrer ein diffus unangenehmes Gefühl. Die hinzugekommene Person strahlt für Sie etwas Ungutes aus, sie ist Ihnen unsympathisch. Bei anderen Menschen wiederum haben Sie das Gefühl, dass sie eine helle, freundliche Ausstrahlung, gar ein strahlendes Gesicht haben.

Anstatt uns von solchen Eindrücken vage beeinflussen zu lassen, können wir sehr viel analytischer mit diesen Schwingungen umgehen. Wir können die tieferen, versteckten Gründe erkennen lernen, die uns jemanden als sympathisch oder unsympathisch erscheinen lassen. Wir können sogar die Farbschwingungen, die von den Menschen ausgehen, nutzen, um eine Liebesbeziehung zu überprüfen, um zu schauen, ob jemand, dem ich mich als einem möglichen neuen Partner nähere, mit mir auch wirklich in idealer Form übereinstimmt.

Wichtig ist, dass wir uns die Einflussmöglichkeiten, die durch die Kraft der Farben bestehen, aus dem Bereich des Unterbewussten hervorholen, um sie bewusst für eine positivere Lebensführung einzusetzen.

Farben bewusst für positive Lebensführung einsetzen

Die Aura

Von den Menschen gehen nicht-materielle Energien aus, die schwer greifbar sind. Dennoch können wir uns ausbilden und lernen, sie zu deuten und unsere Erkenntnisse sinnvoll zu nutzen. Diese Energien stehen in Verbindung mit Farben, die jeden Menschen umgeben, und zwar auf verschiedenen Ebenen:

Jeder Mensch verfügt über eine *Aura*, ein Licht- und Energiefeld um ihn herum. Es besteht aus elektromagnetischen, aber auch emotionalen, astralen und spirituellen Kräften und verändert sich entsprechend unserer wechselnden Befindlichkeit, aber auch unter dem Einfluss von ständig wechselnden Erdkräften und kosmischen, ja göttlichen Kräften.

Die Aura spiegelt unsere Befindlichkeit

Die Aura besteht im Wesentlichen aus zwei Schichten. Die *körperliche Aura* umschließt den Menschen als relativ homogene und eng anliegende Hülle. Sie zeigt die vitale Grundenergie des Menschen an, seine Lebensenergie. Sie ist zwischen einem halben und drei Zentimeter »dick«. Ihre Farben unterliegen selten

Schwankungen; häufig wird sie als weißlich, silbrig und/oder bläulich wahrgenommen. Ist sie grau, so deutet dies auf eine geschwächte Grundenergie des Menschen hin. Diese Aurahülle kann man relativ einfach wahrnehmen: entweder über die Hände, die einen weichen, doch gleichzeitig festen Widerstand dicht über der Haut spüren oder mittels der so genannten Kirlianfotografie, bei der körperliche Abstrahlungen, also Energie- und Schwingungsmuster, durch eine spezielle Hochfrequenztechnik fotografisch festgehalten werden. Schließlich können medial begabte oder geübte Menschen die Aura auch als Licht, Farbe und vibrierende Energien sehen.

Die Wahrnehmung der Aura

Die *seelische Aura* eines Menschen geht ebenfalls von seinem physischen Körper aus, sie durchdringt die körperliche Aura, reicht aber häufig über sie hinaus. Sie umgibt den Körper in einem Abstand von mindestens 30 Zentimetern; je nach Bewusstseinsentwicklung eines Menschen kann sie mehrere Meter weit über ihm stehen. Die seelische Aura weist unterschiedliche Farben auf, die je nach seelischer und auch körperlicher Verfassung wechseln können. Sie sind häufig beeinflusst von der Aktivität der Chakren. Auch die seelische Aura ist durch Kirlianfotografie festzustellen oder kann von medial begabten Menschen gesehen werden.

Die Chakren

Die *Chakras* oder *Chakren* sind verschiedene Energiezentren in unserem Körper, die in enger Beziehung zu unserem Drüsensystem wie auch zu unserer Bewusstseinsentwicklung stehen. In ihnen konzentrieren sich die Körperkräfte, die auf unterschiedliche Funktionen in Körper, Geist und Seele Einfluss haben und für einen vitalisierenden oder harmonisierenden Austausch zwischen Innen und Außen sorgen.

Ein Chakra kann man sich als dreidimensionales Rad vorstellen, das ständig im Uhrzeigersinn (von vorne betrachtet) vom Zentrum nach außen kreist und dabei Energie abgibt. Im Idealfall wird die Energie in dem Maße produziert, wie der Körper sie brauchen und aufnehmen kann; wir fühlen uns dann völlig wohl. Allerdings gibt es viele innere und äußere Einflüsse, die die Chakren negativ beeinflussen und den Energiefluss hemmen können.

Versorgung des Körpers mit Energie

Im Gegensatz zur Aura, die den gesamten Körper als relativ homogenes Schwingungsfeld umschließt, konzentrieren die Chakren bestimmte Energien an wichtigen »Schaltstellen« von Körper, Geist und Seele.

Jedes Chakra ist für einen bestimmten (körperlichen, seelischen und geistigen) Bereich zuständig und hat seine eigene Hauptfarbe, die im natürlichen und harmonischen Zustand gleichzeitig als seine Harmoniefarbe zu deuten ist. Die Eigenschaften der im einzelnen Chakra enthaltenen Farben spiegeln die Eigenschaft des Chakras wider.

Für eine harmonische Lebensführung ist wichtig, dass sämtliche Chakren in ungehemmter, gleichmäßiger Bewegung sind. Überaktivität eines Chakras kann genauso wie zu träge Energieproduktion und -abgabe zu Schwächungen bis hin zu schweren Erkrankungen führen. Auch im seelischen Bereich führt eine gestörte Chakra-Koordination zu gefährlichen Fehlentwicklungen: Menschen, die zu sehr dem Körperlichen verhaftet sind, übertrieben Sport treiben, ein hyperaktives Geschlechtsleben haben und rastlos hinter neuen Erfahrungen herjagen, sind ebenso im Ungleichgewicht wie zu sehr an Übersinnlichem interessierte Menschen, die alles Körperliche zugunsten ihrer Vorahnungen, telepathischen oder anderen medialen Fähigkeiten ablehnen. Erstere leben »aus dem Bauch« heraus, beziehen ihre Energien überwiegend aus den niederen Chakren, letztere gestalten ihr Leben mehr aus den oberen Chakren. In beiden Fällen aber fehlt die Ausgeglichenheit, wichtige Voraussetzung für ein gesundes und erfülltes Leben.

Ausgeglichenheit ist die Voraussetzung für ein gesundes Leben

Als Heilfarben fungieren die Farben, die in einem funktional gestörten Chakra für Ausgleich sorgen.

Es gibt verschiedene Lehren, die eine unterschiedliche Anzahl von Chakren mit verschiedenen Funktionen annehmen. Im Gegensatz zu der traditionellen Chakraeinteilung gehe ich von mehreren wichtigen Energiezentren im Menschen aus. In meinen langjährigen praktischen Erfahrungen als homöopathische Naturheilerin hat sich eine solche Einteilung als äußerst hilfreich erwiesen. Die Tabelle 1 (S. 24) gibt einen Überblick über die Zuordnung von Drüsen, Funktionen und Farben der einzelnen Zentren.

Wenden wir uns nun konkret den Heilmöglichkeiten zu. Wie kann ich gezielt Farben einsetzen, um mich wohler zu fühlen, mögliche Krankheiten fern zu halten beziehungsweise zu überwinden, um mit mir in Harmonie und Übereinstimmung zu leben?

Meditationen

Chakrameditationen

Entspannung ist wichtig für innere Harmonie

Entspannung ist ein wichtiger Schritt zu innerer Harmonie. Durch Entspannung scheiden Sie negative Energien aus. Dazu müssen Sie zunächst einmal durch körperliche Lockerungen den Kreislauf stärken und festsitzende Energien lösen. Haben Sie sich von negativen Energien »freigerüttelt«, können Sie sich tief entspannen. Dies gelingt Ihnen am besten in einem abgedunkelten Raum, in dem sich Ihr Bewusstsein schärft. Wichtig ist, dass Ihr gesamter Körper entspannt ist.

Gehen Sie, von den Zehen beginnend, jeden Körperteil durch, konzentrieren Sie Ihre Aufmerksamkeit besonders auf die Entspannung der Füße. Sind diese entspannt, so teilt sich die Entspannung dem restlichen Körper mit. Wenn Sie müde sind, führen Sie die Übung im Liegen durch. Fühlen Sie sich wach und möchten eher bewusstseinserweiternde Erfahrungen in der Meditation machen, so setzen Sie sich bequem hin.

Bei der Meditation konzentrieren Sie sich nacheinander auf die einzelnen Körperzonen, die den Chakren entsprechen. Fangen Sie unten an, und bewegen Sie sich imaginativ nach oben. Spüren Sie bei jedem Chakra zunächst Ihrem Körpergefühl nach, stellen Sie fest, ob es an der betreffenden Stelle kribbelt, ob dort Dunkelheit oder Helle vorherrscht oder etwas anderes. Dann stellen Sie sich vor, in dieser Zone herrsche ganz intensiv die Farbe, die dem jeweiligen Chakra zugeordnet ist, und spüren wie-

Energiezentren

Namen (Drüsen)	Funktionen
Basischakra (1. Ch.) Steißbein	Potential der Lebensenergie, Grundvitalität, Lebenswille
Sexualchakra (2. Ch.) (Keimdrüsen)	Schöpferkraft, Sexualität
Hara	Physischer Schwerpunkt, Gleichgewichtspunkt
Nabelchakra (3. Ch.) Solarplexus	Ich-Kraft, Verdauung Emotionalkörper, Astralkräfte
Milz-Zentrum	Sammlung und Verteilung von Sonnen- und Lebensenergie
Herzchakra (4. Ch.)	Überpersönliche Kräfte, Liebe, Blutkreislauf, Auflösung
Thymus-Zentrum (Thymusdrüse)	Lösen von Vergangenem, Immunsystem
Kehlkopfchakra (5. Ch.) (Schilddrüse)	Kommunikationsfähigkeit, schöpferischer Selbstausdruck, innere Wahrheit
Hände	Sammlung und Austausch von Heilenergien
Augenchakra (6. Ch.) »Drittes Auge« (Hypophyse)	Sitz der Seele, Konzentration und Meditation, Bewusstsein vom Selbst; seherische Fähigkeiten
Scheitelzentrum »Lotos« (Epiphyse)	Öffnung für höhere Dimensionen, Verbindung zum Kosmos

Harmonie-farben	**Heilfarben**
Glutrot, Scharlachrot	Bei Unterfunktion: Tiefrot, Magenta; bei Überfunktion: Türkis, Blau
Zinnoberrot, Orangerot	Bei Unterfunktion: Orange; bei Überfunktion: Blau
Grün	Bei körperlichem und seelischem Ungleichgewicht, Energieschwäche: Orange
Gelb	Bei Unterfunktion: Gelb, Orange, Rot; bei Überfunktion: Grün
Violett	Gelb und Violett
Grün, Rosa	Bei Unterfunktion: Magenta; bei Überfunktion: Blau, Grün
Lemon	Bei Unterfunktion: Lemon (Gelb-Grün)
Türkis	Bei Unterfunktion: Orange; bei Überfunktion: Blau
Irisierend	Zur Anregung: Weiß, Magenta; bei Überempfindlichkeit: Blau, Grün
Indigoblau	Bei Unterfunktion: Indigo, Grün; bei Gefahr der isolierten Überbetonung: Orange
Heiligen-schein	Zur Öffnung: Violett, Weißgold oder Magenta; zur Beruhigung: Grün

derum Ihren sich nun ausbreitenden Empfindungen nach. Im Einzelnen stellen Sie sich vor:

- im Bereich des Steißbeins eine dunkelrote, glimmende, angenehm wärmende Glut, die Ihnen neue Kraft und tiefes Vertrauen in Ihr Leben vermittelt;
- im Beckenbereich eine orangerote Sonne, die Ihre schöpferischen Fähigkeiten anregt;
- im Bereich des Solarplexus (Bauch) eine leuchtend grüne Wiese, die Gefühle beruhigt und harmonisiert;
- im Bereich des Brustbeins (Brustmitte) eine aufgehende goldene Sonne, bis hin zur rosafarbenen Morgenröte und Abenddämmerung, die Ihren Brustraum durchstrahlt und Schwingungen der Liebe sendet;
- im Bereich des Halses (Kehlkopf) einen türkisblauen Edelstein, der mit seinen Strahlen eine wunderbare Klarheit der Gedanken vermittelt und zugleich Schutz bedeutet gegenüber fremden Strahlungen;
- im Bereich hinter der Stirn (»drittes Auge«) einen besternten indigoblauen Nachthimmel (verändert sich Ihre innere Wahrnehmung, weitet sich Ihr innerer Blick? Sehen Sie Blitze, Lichtringe, Sonne, Mond oder andere Lichterscheinungen?);
- im Bereich oberhalb Ihres Kopfes strahlend weißes Licht, das durch Ihren Kopf in Sie hinein- und durch Sie hindurchflutet.

Atmen Sie im Anschluss an die Meditation mehrmals tief ein und aus, um wieder völlig in die Wirklichkeit, die Sie umgibt, zurückzufinden.

Heilmeditationen mit dem inneren Licht

Wenn Sie das Gefühl haben, körperlich durch Giftstoffe und andere ungesunde Ablagerungen belastet und daher nicht frei für neue Lebensenergien zu sein, gönnen Sie sich eine reinigende und vitalisierende Heilmeditation. Diese hilft übrigens auch, wenn Sie sich psychisch von negativen Gedanken und Gefühlen, von Verspannungen und Problemen beherrscht fühlen. Meditieren Sie in zwei Schritten: zur Reinigung mit violettem Licht, zur Vitalisierung anschließend mit goldenem Licht.

Reinigung und Vitalisierung mit Licht

Reinigung und Heilung mit violettem Licht

Für diese Meditationen gelten die gleichen äußeren Voraussetzungen wie bei der Chakrameditation. Setzen Sie sich möglichst mit aufrechter Wirbelsäule, aber entspannt und bequem hin – Sie können sich auch anlehnen.

Atmen Sie dreimal ruhig tief ein, und spüren Sie beim Ausatmen, dass alle negativen Stoffe und Gedanken Ihren Körper verlassen. Atmen Sie nun normal weiter. Stellen Sie sich vor, dass eine violette Flüssigkeit von oben über Ihren Scheitel in Ihren Körper hineinfließt. Diese Flüssigkeit reinigt Sie von Kopf bis Fuß, indem sie systematisch und in kreisenden Bewegungen jeden Körperteil ausspült.

Die Flüssigkeit bewegt sich durch Ihren Körper in folgender Reihenfolge: durch den Kopf, den Hals, die Halswirbelsäule in beide Schultern, Schulterblätter, Arme und Hände, bis in die Fingerspitzen hinein; in die Brustwirbelsäule und den Oberkörper, den Brustraum und die Rückenpartien, durch die einzelnen

Organe – das Herz, die Lunge, den Magen, die Leber und Gallenblase (rechts innen unter den Rippen), die Milz und die Bauchspeicheldrüse (links unter den Rippen); weiter durch Ihre Taille hinunter in den Unterkörper, durch Ihren gesamten Darm, die Nebennieren (hinten innen unter den Rippen) und die darunter liegenden Nieren; durch den Unterleib, die Keimdrüsen bei Frauen die Eileiter, Eierstöcke und die Gebärmutter, bei Männern die Prostata – und schließlich durch die Blase und den Anus; dann in beide Beine die beiden Beckenschaufeln, die Oberschenkel, beide Knie, die Waden, durch die Knöchel, die Fersen und durch beide Füße bis zu den Zehenspitzen, wo die violette Flüssigkeit den Körper verlässt und tief in die Erde hineinfließt, um dort alle mitgeschwemmten Giftstoffe und negativen Energien zu transformieren.
Haben Sie bei Ihrer Wanderung durch den Körper das Gefühl, sich an einer besonders belasteten Stelle zu befinden, so lassen Sie die violette Flüssigkeit jede einzelne Zelle dieses Körperteils durchströmen, bis Sie meinen, von allen Giften völlig befreit zu sein.

Die Reinigung des Körpers, um neue Energien aufzunehmen

Atmen Sie im Anschluss an die Meditation tief durch, und spüren Sie, wie der frische Atemfluss in Ihren von allen Schlacken gereinigten Körper eindringt. Nun sind Sie bereit, neue Energien aufzunehmen.

Neue Lebensenergie mit goldenem Licht

Nun machen Sie die gleiche Meditation mit einem goldenen Licht. Wieder lassen Sie eine nunmehr goldfarbene Flüssigkeit über den Scheitel in Ihren Kopf und in kreisender Bewegung durch Ihren ganzen Körper fließen. Stellen Sie sich dabei vor, dass jede Körperzelle mit reiner kosmischer und göttlicher

Energie angefüllt wird und dass diese Energie Sie auf drei Ebenen stärkt: Ihren geistig-spirituellen, Ihren astral-emotionalen und Ihren physisch-materiellen Körper. Die lichte Flüssigkeit belebt und erfüllt Sie mit Freude. Lassen Sie sie dort jede einzelne Zelle mit ihrer Kraft aufladen, wo Sie glauben, es nötig zu haben. Am Ende der Reise durch den Körper tritt die goldene Flüssigkeit an den Zehenspitzen aus Ihrem Körper wieder aus und fließt tief in die Erde, wobei sie auch ihr frische Lebendigkeit und neue Kraft bringt.
Vergleichen Sie Ihre Gefühle nun mit denen, die Sie vor der ersten Meditation mit dem violetten Licht hatten. Fühlen Sie sich klarer, entspannter, frischer, wacher und glücklicher?
Um aus der Meditation wieder in den Alltag zurückzukommen, atmen Sie tief ein und aus und spüren in Ihre Füße hinein, die fest auf dem Boden ruhen und deren Wurzeln tief in die Erde reichen. Öffnen Sie nun langsam die Augen.

Harmonisierung durch die Konzentration auf das dritte Auge

In meinen Seminaren führe ich diese Meditation häufig noch weiter: Konzentrieren Sie sich auf Ihr drittes Auge oder Augenbrauenzentrum. Lassen Sie Licht dorthin fluten, und harmonisieren Sie sich mit den Kräften der Farbe, die vor Ihnen auftaucht. Diese Übung sollte unter fachkundiger Aufsicht durchgeführt werden.

Wohlbefinden durch Farbmeditation

Farbmeditationen helfen Ihnen, Stress besser zu meistern, Ihre Widerstandskraft zu stärken und insgesamt tatkräftiger und optimistischer zu sein. Wichtig ist hierbei, dass Sie die Farbmeditation regelmäßig machen, also beispielsweise dreimal in der Woche zu festgelegten Zeiten.

Ruhiges und gleichmäßiges Atmen

Wie bei der Chakrameditation sollten Sie sich an einen ruhigen Ort begeben, an dem Sie sich konzentrieren können. Atmen Sie während der Meditation ganz ruhig und gleichmäßig, und dehnen Sie die Länge der ruhigen Atemzüge allmählich aus. Zählen Sie zwischen den einzelnen Atemzügen. Wenn Sie zwischen zwei Atemzügen langsam bis fünf zählen können, beherrschen Sie die Entspannungsatmung gut.

Für Menschen, die in der Meditation noch ungeübt sind, ist es anfangs nicht ganz einfach, sich eine Farbe vorzustellen und sie vor dem inneren Auge festzuhalten. Wenn es Ihnen zunächst nicht gelingt, sich eine Farbe vorzustellen, rufen Sie sich einen Gegenstand dieser Farbe ins Gedächtnis. Falls sich auch das noch als schwierig erweist, so schauen Sie sich einen Gegenstand dieser Farbe lange an. Dann schließen Sie die Augen und halten den Gegenstand und seine Farbe vor Ihrem inneren Auge fest. Allmählich verliert sich die Form, die Farbe aber bleibt.

Wenn Sie die Meditation mit einer Farbe beherrschen, das heißt sich eine Farbe ohne Umwege vor Ihr inneres Auge holen können, sind Sie in der Lage, auch mit mehreren Farben zu meditieren.

Beginnen Sie mit Rot, und verändern Sie ganz langsam – kraft Ihres konzentrierten Willens – diese Farbe in Blau. Folgen Sie dem Farbspektrum, und betrachten Sie eine Farbe nach der anderen. Lassen Sie sich Zeit, und beobachten Sie, welche Farbe auf Sie wohltuend wirkt. Haben Sie sich für eine Lieblingsfarbe entschieden, so wenden Sie sich dieser schließlich noch einmal zu. Lassen Sie sie auf sich wirken, spielen Sie mit ihr, lassen Sie sie heller und dunkler werden. Sie sollten aber vermeiden, bei diesen Übungen Weiß- und Schwarztöne einzumischen.

Die spirituelle Bedeutung von Farben

Wenn Sie unsicher sind, mit welcher Farbe Sie meditieren wollen, sollten Sie sich Ihre Bedürfnisse und eventuell Ihre gegenwärtigen Probleme bewusst machen. Bestimmte Farben sind dank ihrer Schwingungen besonders geeignet, emotionale und seelische Blockaden zu lösen und den Menschen für neue Bewusstseinsdimensionen zu öffnen. Mit den im Folgenden genannten Farben habe ich in Farbseminaren und in der Naturheilpraxis besonders gute Erfahrungen gemacht.

Das Öffnen neuer Bewusstseinsdimensionen

Ihnen sind Schlüsselworte zugeordnet, die – im Sinne von Affirmationen – helfen sollen, die Farbwirkung bei der Entfaltung unseres Bewusstseins zu unterstützen.

Gold
Göttliche Schöpferkraft, Liebe und Vollendung.

Weiß
Reinheit, Klarheit und Erleuchtung.

Rosa
Entwicklung von Sanftmut und Herzenswärme, überpersönlicher Liebe und Mitgefühl.

Magenta
Mediale Öffnung und Verstärkung bereits vorhandener übersinnlicher Kräfte.

Orange
Stärkung des Lebensmutes und der Fähigkeit, das eigene Schicksal anzunehmen und zu bewältigen.

Grün
Allgemeine Harmonisierung und Hilfe, die eigene Mitte zu finden.

Türkis
Geistige Klarheit, innere Wahrheit und schöpferische Ausdruckskraft.

Blau
Ruhe und Stärkung von überpersönlichen Heilkräften.

Indigoblau
Tiefe in der spirituellen Meditation und Hinwendung zu rein geistigen Bewusstseinsdimensionen.

Violett
Tiefe Reinigung für Körper, Geist und Seele und Öffnung für kosmische und spirituell-magische Kräfte.

Irisierend, Perlmuttglanz
Freude an der Vollkommenheit der Schöpfung und Fähigkeit, das eigene Leben ganzheitlich zu leben.

Heilung durch Farbenergien

Farbtherapie ist eine wirkungsvolle, dabei gleichzeitig schmerz- und angstfreie Heilmethode, die sich der natürlichen Kräfte der Farbschwingungen und des Lichts bedient. Farbtherapie ist darüber hinaus eine ganzheitliche Heilmethode, da die Farbschwingungen sowohl auf den physischen als auch gleichzeitig auf den seelisch-geistigen Bereich des Körpers einwirken. Insofern lässt sich Farbe als ideales psychosomatisches Therapiemittel einsetzen.

Farbe kann in unterschiedlichen Intensitätsformen eingesetzt werden: Farbbestrahlungen (siehe Kapitel 8) wirken stärker als Farbeinflüsse durch Kleidungsstücke, Nahrungsmittel oder unsere direkte Umgebung, wobei Farb-Punktbestrahlung und Farb-Akupunktur besonders wirksam sind. Die rasche Harmonisierung durch gezielt eingesetzte Farbschwingungen lässt sich mittels der Kirlianfotografie eindrucksvoll nachweisen – übrigens auch für die Wirkung der »Bach-Blüten-Essenzen«. (Die Entsprechung von Heilfarben und den sieben Gruppen der Bach-Blüten behandelt auch mein Buch: *Die richtige Schwingung heilt; Heilblüten-Farbkarten-Test*)

Die Harmonisierung durch Farbschwingungen

Die im Folgenden beschriebenen Heilwirkungen und Einsatzmöglichkeiten der einzelnen Farben haben nicht nur im Rahmen der psychosomatischen Therapie Gültigkeit, sondern lassen sich auch auf Ihren Alltag anwenden. Die ganzheitliche Heilung aus den Kräften der Natur ist eine Aufgabe, der wir uns verantwortungsvoll widmen sollten. In jedem einzelnen Fall müssen sorgfältig die verschiedenen Heilmethoden, Therapien und Medikamente in Betracht gezogen werden, und wir sollten auch jederzeit für den Rat kompetenter Therapeuten aufgeschlossen sein.

Heilfarbe Grün

Hoffnung
Zufriedenheit
Heilung

Grün ist die wichtigste Heilfarbe. Sie wirkt ausgleichend und beruhigend. Grün symbolisiert Hoffnung, steht für Zufriedenheit und Heilung und gilt als die Farbe der Galle. In der Natur ist das Grün des Chlorophylls die Voraussetzung für die Entstehung von Sauerstoff. Es wirkt antiseptisch, zerstört Keime und Bazillen, es reinigt und hemmt Zerfall und Verwesung. Therapeutisch wird Grün eingesetzt, um akute Stauungen und Blockaden zu heilen und um hitzige, entzündliche, geschwollene, schmerzhafte und »rote« Krankheitsprozesse zu heilen oder zu lindern. Zum Beispiel kann Grünbestrahlung bei einem akuten, schmerzhaften Gallestau den Gallefluss wieder in Gang setzen. Bei Ohren- und Zahnfleischentzündungen, bei Prellungen und Blutergüssen sowie bei »laufender« Nase wirkt punktuelle Grünbestrahlung schnell. Auch bei einer Entzündung der Darmschleimhäute, wie sie häufig bei Frauen vorkommt, die ungeeignete Abführmittel nehmen und daher abwechselnd unter Verstopfung und Durchfall leiden, habe ich mit einem grünen Strahl rund um den Bauchnabel sowie Grün auf den »Dickdarmpunkt« zwischen Daumen und Zeigefinger sehr gute Erfolge erzielt. Grün wirkt günstig bei überanstrengten Augen und stärkt den Sehpurpur. Menschen, die eine Brille tragen, lange vor dem Computer oder Fernseher sitzen oder viel lesen und schreiben, sollten ihre Augen immer wieder in Pausen entspannen und

dabei auf Grün, möglichst in der Natur, blicken. Wenn das nicht möglich ist, so können grüne Vorhänge oder ein grünes Bild als Ersatz dienen.
Auch im seelischen Bereich wirkt Grün heilsam. Bei Unsicherheitsgefühlen hilft diese Farbe, das Selbstwertgefühl zu stärken. Sie schafft ein inneres Gleichgewicht in Phasen schwankender Stimmungen, die häufig von Ungeduld und Unzufriedenheit geprägt sind, und sie beschützt uns vor unerwünschten Gedankeneinflüssen.
Grün ist eine neutrale Heilfarbe, mit der Sie bedenkenlos umgehen können.

Heilfarbe Rot

Rot ist die kräftigste, wärmste und belebendste Farbe. Sie steht für Leben, Energie, Kraft, Blut und Liebe einerseits und für Kampf, Hitze, Leidenschaft, Gewalt, Aggression und Zerstörung durch Feuer andererseits. Wegen seiner hohen Wirksamkeit muss man mit Rot in der Farbtherapie behutsam umgehen, da es leicht zu Überreaktionen kommen kann.

Leben
Energie
Kraft
Blut
Liebe

Rot wird vor allem dort eingesetzt, wo gestaute und gehemmte Lebensenergien wieder aktiviert werden müssen. Auf körperlichem Gebiet hilft Rot bei der Entschlackung, Stoffwechselanregung und gegen Verdauungsträgheit. Es fördert alle Ausscheidungsprozesse, was zu Hautröte, Jucken und Pickelbildung führen kann. Rot stärkt die Lebertätigkeit und fördert die Hämoglobinbildung. Daher sind rote Nahrungsmittel wie Rote Bete beispielsweise für stark menstruierende Frauen zu empfehlen.

Rot wärmt; versuchen Sie es also einmal mit roter Unterwäsche und roten Socken, wenn Sie leicht frieren. Rotbestrahlungen sind sehr erfolgreich bei chronisch verstopfter Nase mit einhergehendem Geruchsverlust (seitlich auf beide Nasenflügel); bei mangelnder sexueller Kraft sowohl für die Frau als auch für den Mann (auf die Rückseite des Beckens in Höhe des Sexualzentrums) und ganz besonders bei Nierenstauungen infolge von zu wenig Flüssigkeit (links und rechts der Lendenwirbel, am Blasenmeridian).

Diese ausgewählten Beispiele sind nur ein Ausschnitt aus einer reichen Fülle an Einsatzmöglichkeiten für die Heilfarbe Rot. Bedenken Sie, dass für eine dauerhafte Wirksamkeit häufig eine vernünftige Kombination der Farbtherapie mit anderen Naturheilverfahren erforderlich ist. Bei bereits aufgetretenen, irreversiblen Schäden wie Versagen der Nierenfunktion vermag die Farbtherapie aber nicht mehr zu heilen.

Wenn Sie mit der Farbe Rot Ihre körperliche Leistungsfähigkeit stärken wollen, achten Sie sorgfältig auf die Dosierung.

Zu lang andauernde Rot-Einwirkung kann zu Aufregungen und Aggressionen führen. Auf jeden Fall sollten Sie eine überwiegend rote Umgebung, gar einen roten Zimmeranstrich, vermeiden. Zu starke Rot-Einwirkung kann durch die Komplementärfarbe Grün neutralisiert werden.

Heilfarbe Orange

Als Mischfarbe aus Rot und Gelb ist Orange ebenfalls eine äußerst aktivierende Farbe, mit der man vorsichtig umgehen muss. Orange bedeutet Expansion, Extrovertiertheit, es steht für Wärme und Offenheit und ist vor allem bei Depressionen und Melancholie eine wichtige Heilfarbe, die Lebensfreude vermitteln, Probleme lösen, die öffnen und aktivieren kann. Orange hat die stärkste Signalwirkung, weshalb Straßenbauarbeiter orangefarbene Schutzkleidung tragen und auch Kinder in gefährlichen Situationen, etwa im Straßenverkehr, möglichst durch diese Farbe geschützt werden sollten.

Expansion
Extrovertiertheit
Wärme
Offenheit

In meiner therapeutischen Praxis ist es mir gelungen, dank der gezielten Bestrahlung mit der Farbe Orange in Verbindung mit anderen Naturverfahren schwermütige und depressive Patienten durch geduldige Therapie langfristig zu heilen.

Orange hilft bei vielen körperlichen Beschwerden, es harmonisiert bei Gasen und Blähungen im Verdauungstrakt, also im Darm und Magen, unterstützt die Entgiftung und Entleerung im Magen und wirkt gegen Schluckauf. Orange entspricht der Wirkung von Calcium, es hilft also bei Rachitis und stärkt Knochen- und Zahnaufbau, auch ist es eine besonders günstige Farbe in der Schwangerschaft. Außerdem vermag es die Lunge zu stärken, die Atmung anzuregen sowie Krämpfe und Muskelschmerzen zu lösen oder zu lindern.

Heilfarbe Blau

Blau als Komplementärfarbe zu Orange entspricht Reserviertheit, Introvertiertheit, Innenleben. Es ist die kühlste, reinste und tiefste Farbe und steht für das

Reserviertheit
Introvertiertheit
Innenleben

Unbewusste, für seelische Tiefe und innere Stille. Blau ist die Farbe der Treue. Es gilt auch als die Farbe der geistigen Entwicklung und der Sehnsucht nach einer immateriellen Welt.

In der Farbtherapie wird diese ungefährliche Farbe eingesetzt, um (zum Beispiel zappelige Kinder) zu beruhigen, zu entspannen und nervöse Schlaflosigkeit zu beseitigen. Benutzen Sie auch blaue Bettwäsche. Blau hilft gegen alle Formen der Überreizung und Hitze, zum Beispiel bei Verbrennungen und nervös bedingten Hautallergien. Bei vorübergehend erhöhtem Blutdruck hilft Blau-Bestrahlung in der Achselhöhle. Muskelverkrampfungen, nervöse Zuckungen, zum Beispiel des Augenlids, und nervöse Magenbeschwerden werden durch Blaubestrahlung auf die entsprechende Stelle gelöst. Blau wirkt fiebersenkend und entzündungshemmend.

Die Heilfarbe Blau ist das wichtigste Therapeutikum bei allen Klimakteriumsbeschwerden. Unterstützt durch Bach-Blüten und individuell einzustellende Homöopathie erleichtert die Farbbestrahlung mit Blau den Übergang und mindert die unangenehmen Begleiterscheinungen des Klimakteriums, wie Hitzewellen, Stimmungsschwankungen und extreme Überempfindlichkeit.

Bei der Farbbehandlung Suchtabhängiger kommt Blau eine besondere Bedeutung zu. Hierbei ist Sucht im weitesten Sinne gemeint; also nicht nur die Sucht nach Drogen, Alkohol, Nikotin, Medikamenten, sondern etwa auch nach Geld und Macht. Wenn man sich vor Augen führt, dass Suchtkranke die Verbindung zu ihrer eigenen Mitte, zu ihrer Seele verloren haben, wird deutlich, dass sie zunächst ein Programm zur Ich-Findung und Selbststärkung absolvieren müssen, bevor man der rein körperlichen Abhängigkeit überhaupt Widerstand entgegensetzen kann. Wegen seiner starken spirituellen Kraft und Tiefe und der Eigenschaft, immaterielle Zusammenhänge besser erkennen zu lassen, sollte Blau jegliche Suchttherapie auf verschiedenen Ebenen unterstützen.

Heilfarbe Indigoblau

Indigoblau ist ein tiefes Blau, das ins Violette hineinspielt. Es hat ähnliche Heilwirkungen wie Blau.

Wie Blau wirkt es allgemein beruhigend, schmerzlindernd, abschwellend, adstringierend. Es kann Sekretionen stoppen und so eine Ausbreitung von Abszessen verhindern. Schwellungen und Tumore können abklingen oder reduziert werden. Durch eine beschleunigte Phagozytenbildung hilft es bei der Wundheilung; so kann man etwa durch die Farbbestrahlung mit Indigoblau Nasenbluten stoppen. Es lindert die durch angestautes Blut entstehenden Schmerzen, zum Beispiel bei Krampfadern und Hämorrhoiden.

Beruhigend
Schmerzlindernd
Abschwellend
Adstringierend

Eine Bestrahlung von Indigoblau im Wechsel mit Türkis ist eine wirkungsvolle Unterstützung bei der Behandlung von Nervenentzündungen.

Heilfarbe Gelb

Gelb ist eine warme, heitere und helle Farbe, die Offenheit, Weltzugewandtheit, gedankliche Stärke und Beweglichkeit bedeutet, aber auch geistige An-

Offenheit
Weltzugewandtheit

Gedankliche Stärke Beweglichkeit

triebsstärke, praktischen Lebenssinn und Karrierestreben ausdrückt. Gelb symbolisiert Sonne, gedankliche Erregung, aber auch Neid und Eifersucht.

Therapeutisch ist Gelb eine äußerst vielseitig nutzbare Farbe. Sie wird gegen Teilnahmslosigkeit, mangelndes Interesse an der Umwelt sowie bei Resignation eingesetzt, besonders bei Kranken, die nicht mehr an ihre Gesundung glauben. Gelb stärkt insgesamt den Lebensantrieb.

Gelb aktiviert die Magensaftproduktion und steigert auf diesem Weg den Blutdruck. Es unterstützt die Leber bei der Gallensaftproduktion und fördert somit Entgiftungsprozesse. Gelb wirkt anregend auf Magen, Darmtätigkeit und Nieren, und es hilft dem Körper, sich von Würmern und anderen Parasiten zu befreien. Es fördert den Lymphfluss, regt das vegetative und motorische Nervensystem an und hilft bei Lähmungserscheinungen. Gelb wird auch eine stärkende Wirkung auf den Gesichtssinn und das Gehör nachgesagt sowie unter Umständen Heilkraft bei Arthritis und Neuritis.

Eine Bestrahlung mit Gelb wirkt sich vor allem bei Kindern positiv auf Lernfreude und Arbeitslust aus, und ihr Interesse an der Umwelt sowie an ihren eigenen Aktivitäten wird durch diese Farbe gestärkt.

Heilfarbe Violett

Mystik Magie Alchemie

Violett ist die Ausgleichsfarbe zu Gelb. Es ist eine künstlerische und metaphysische Farbe, die Farbe der Mystik, Magie und Alchemie. Violett gilt als Farbe der kosmischen Energie sowie der Radioaktivität. Als

Farbe des Wassermann-Zeitalters steht es für spirituelle Erfahrungen, Bewusstheit und Inspiration. Violett ist die am stärksten reinigende Farbe, sie kann Disharmonien ausgleichen und zwischen Gegensätzen vermitteln.

In der Farbtherapie wird Violett vor allem zur Reinigung eingesetzt - innerlich bei dem Bedürfnis, sich von unguten Einflüssen zu reinigen, und äußerlich zum Beispiel bei Akne, die sich besonders bei psychischer Bedingtheit und in der Pubertät durch Violett-Bestrahlung gut heilen lässt (vorn auf das Herzzentrum, hinten Mitte des Rückens, Mitte der Schamhaargrenze und oben auf das Scheitelzentrum). Als Komplementärfarbe zu Gelb harmonisiert es eine überaktive Bauchspeicheldrüse und überbeanspruchte Lymphdrüsen. Violett steigert die Abwehrkräfte durch Stimulation der Milztätigkeit und der vermehrten Bildung von weißen Blutkörperchen. Violett unterstützt die Milz beim Abbau von Umweltgiften und Impfungsnebenwirkungen.

Violett beruhigt das Herz und andere Muskeln und ist wirksam gegen Nervenüberreizung. Anstatt zu chemisch-pharmazeutischen »Tranquilizern« zu greifen, sollte man sich der ungefährlichen Farb-Bestrahlung zuwenden.

Die Farbe Violett fördert die Zusammenarbeit zwischen beiden Gehirnhälften. Sie kann in diesem Zusammenhang eingesetzt werden, wenn die Rollenverteilung oder das geschlechtsspezifische Selbstverständnis der Partner einer Beziehung starr und festgefahren ist und einer neuen Orientierung und Sensibilisierung bedarf. Violett kann das Bewusstsein für nichtmaterielle Erfahrungen, gesteigerte Inspirationen und Intuitionen öffnen, was besonders bei sehr materiell und intellektuell eingestellten Menschen ausgleichend wirken und notwendig sein kann.

Heilfarbe Lemon

Wachstum
Verständnis
Glücksgefühl

Lemon ist eine Mischung aus Gelb und Grün. Diese Farbe löst geistige und psychosomatische Blockaden und bringt Bewegung ins Leben. Sie steht für Wachstum, auch im emotionalen Bereich. Sie fördert verständnisvolle Gefühle für andere, stärkt das Ich-Gefühl und die Intensität von Glücksgefühlen.

Therapeutisch wird Lemon eingesetzt bei allen chronischen Beschwerden, die durch Stauungen entstanden sind, zum Beispiel zum Reinigen der Bronchien und zum Schleimabhusten. Über die Thymusdrüse stimuliert die Farbe Lemon das Immunsystem. Sie hilft, den Gedankenfluss in Gang zu bringen und Blutgerinnsel zu lösen. Lemon hat eine leicht abführende Wirkung, es hilft uns, die Vergangenheit loszulassen; zumeist wird das durch einen Husten unterstützt. Husten ist etwas Positives. Häufig löst man sich durch den Husten von etwas Vergangenem.

Da Lemon das motorische System sowie die Gehirnfunktionen unterstützt, ist es in Verbindung mit anderen Naturheilweisen eine wirkungsvolle Unterstützung bei der Parkinsonschen Krankheit und bei Morbus Alzheimer. (Bitte vermeiden Sie übrigens bei beiden Krankheiten den Kontakt mit Aluminium, also kein Aluminiumgeschirr verwenden, keine aluminiumhaltigen Mittel benutzen!)

Heilfarbe Türkis

Gedankliche Kreativität
Klarer sprachlicher Ausdruck
Aufrichtige Kommunikation

In ihrer allgemeinen Wirkung ist Türkis eine kühlende und erfrischende Farbe, die Wahrheit symbolisiert. Sie ist die Farbe der gedanklichen Kreativität, des klaren sprachlichen Ausdrucks und steht für aufrichtige Kommunikation.

Als Heilfarbe wirkt sie harmonisierend auf die Schilddrüse sowie bei übersteigertem sexuellen Verlangen. Eine wichtige Entlastungsfunktion spielt Türkis bei giftstoffbedingter Ermüdung, bei Kopfschmerzen und geistiger Erschöpfung aufgrund von so genanntem »elektromagnetischem Smog«, der sich bei langem Aufenthalt zum Beispiel vor dem Computer- oder Fernsehbildschirm gesundheitsschädigend auswirken kann. Türkis wirkt bei mentaler Nervosität beruhigend. Nach einem Sonnenbrand hilft es, neue Haut aufzubauen.

Die Bestrahlung mit Türkis wird in der Kreuzbeingegend und auf die Schilddrüse vorgenommen. Sie ist ungefährlich.

Heilfarbe Magenta

Vitalisierendes Energetikum

Magenta ist eine spirituell und physisch sehr wirksame Farbe zwischen Rot und Violett. Sie ist ein vitalisierendes Energetikum, mit dem man vorsichtig umgehen muss. Bei zu starker Aufladung mit Magenta verliert man Aurakräfte, (die mit Grün wiederhergestellt werden können).

In der Farbtherapie ist Magenta eine starke Farbe, die bei Ohnmacht, Kreislaufschwäche und plötz-

lichen Zusammenbrüchen eingesetzt wird. Sie tonisiert Herz, Kreislauf und Nieren, ebenso alle Sexualorgane. In der Schwangerschaft hilft Magenta, den Emotional- und Lichtkörper des Ungeborenen vor äußeren Einflüssen zu schützen. Allgemein wirkt es als Schutz vor metaphysischen Beeinträchtigungen.
Mit Magenta bestrahltes Wasser schmeckt gut und verhilft zu neuer Energie.

Heilfarbe Purpur

Gerechtigkeit Nächstenliebe

Purpur ist eine Königsfarbe, die Gerechtigkeit und Nächstenliebe symbolisiert. Sie liegt zwischen Violett und Magenta.
Als Heilfarbe wirkt sie eher sedierend: einschläfernd, blutdruck- und fiebersenkend und eine übermäßige Libido regulierend. Purpur wird eingesetzt, um den Venenfluss zu fördern und um trockenen Husten zu lindern.

Heilfarbe Scharlachrot

Sexualtrieb Aphrodisiakum

Im Gegensatz zu Purpur ist Scharlachrot, eine Mischung aus Rot und Magenta, die Farbe des Sexualtriebs. Sie wirkt als Aphrodisiakum, steigert also Libido und Sinnlichkeit und stärkt auch im fortgeschrittenen Alter die Sexualorgane. Bei Periodenschmerzen wirkt Scharlachrot lindernd, gleichzeitig regt es zu schwachen Mensesfluss an. Seine insgesamt anregende Wirkung erstreckt sich auf

Herz, Nieren, Arterienblutfluss sowie den Blutdruck. Scharlachrot beschleunigt den Geburtsvorgang. Farbbestrahlungen mit Scharlachrot im Wechsel mit Lemon helfen bei Lumbago, Arthritis und ähnlichen Krankheiten, bei denen Stauungen, Steine und Kristallablagerungen gelöst werden müssen.

Heilfarbe Weiß

Weiß ist die Farbe der Reinheit, Unschuld und Vollkommenheit. Weiß beinhaltet alle Farben und symbolisiert Vollkommenheit beziehungsweise den Weg dorthin.

Vollkommenheit

In der spezifischen Farbtherapie wird Weiß allerdings nicht eingesetzt, dennoch kann man die klärenden Kräfte des Weiß durch die Gestaltung seiner Umwelt für sich positiv nutzen, besonders wenn man sich um eine stetige Öffnung für höhere Bewusstseinsdimensionen bemüht.

Heilfarbe Gold

Als Symbol für die göttlichen Kräfte der Güte und Barmherzigkeit ist Gold eine Farbe, die den Lebensmut und das Selbstwertgefühl und darüber hinaus spirituelle Fähigkeiten und Entwicklungen stärkt.

Lebensmut
Selbstwertgefühl
Spirituelle Fähigkeiten

Gold wird vor allem in der Heilmeditation eingesetzt (S. 28). Goldschmuck kann eine ähnliche, wenngleich schwächere Wirkung haben.

Möglichkeiten der Farbbehandlung

Die Farbbestrahlung ist eine Technik der Farbtherapie, die intensiv wirkt und häufig ganz gezielt eingesetzt wird. Mit Hilfe von Farblampen können sowohl der gesamte Körper flächig als auch spezielle Punkte bestrahlt werden. Zu empfehlen ist ein von »Life Energy Products Santa Fe« herausgebrachtes Multi-Color-Combi-Set, das in der Farbtherapie vielseitig einsetzbar ist. Es besteht aus einer leuchtstarken Handlampe, zweimal zwölf ausgewählten Farbfiltern aus einer Spezialfolie und einem besonderen Vorsatz mit einer Quarzglaspyramide. Die Farbfilter lassen sich miteinander kombinieren, so dass neben den Grundfarben individuelle Farbnuancen getroffen werden können (siehe Anhang).

Farbfolien selbst herstellen

Sie können sich solche Farbfolien mit etwas Geschick auch selbst herstellen. Falls Sie über eine Lampe mit besonders starkem Licht verfügen, etwa wie Fotografen sie zum Ausleuchten benutzen, basteln Sie einen etwas größeren rechteckigen Rahmen aus verstärkter Pappe, vor den Sie die jeweilige Farbfolie kleben. Farbfolien erhalten Sie in Bastelgeschäften. Befestigen Sie den Rahmen dann am Lampengestell. Noch einfacher ist es, eine Farbfolie vor ein Fenster zu kleben.

Außer der Farbbestrahlung gibt es die Möglichkeit, *Farbfolien* oder *Farbtücher* auf bestimmte Körperbereiche, beispielsweise Chakren, zu legen oder *Farbpunkte* gezielt auf Akupunktur- und Akupressurpunkte zu kleben oder mit Stiften dort aufzumalen.

Auch können Sie *farbige Kleidungsstücke* tragen, deren Farbtöne besonders bei Halstüchern, Hemden, Blusen und Unterwäsche heilend wirken.

Eine weitere Möglichkeit besteht darin, farbig bestrahltes *Quellwasser* zu trinken. Lassen Sie es einen Tag in einer farbigen Flasche in der Sonne stehen, bevor Sie davon trinken (siehe auch die Möglichkeiten durch die Anwendung des Farb-Energie-Sets, Kapitel 6).

Farbenvielfalt bei Nahrungsmitteln

Ebenso wichtig ist es, auf die Farbenvielfalt der *Nahrungsmittel* zu achten: Komponieren Sie Ihre Mahlzeiten, besonders Salate, so, dass eine möglichst große Farbpalette zu Ihrer inneren Harmonisierung beiträgt.

Bei freiem *Ausdrucksmalen* mit Farben setzen Sie Ihre derzeitigen Gefühle in Farben um, so dass Sie dabei Erkenntnisse aus Ihren Gemütsschwingungen und eventuellen Bedürfnissen gewinnen können.

Schließlich ist das *Visualisieren* von Farben eine weitere Möglichkeit, sich ganzheitlich zu heilen. (Hierzu siehe S. 23 ff.)

Yoga und Farbtherapie

Yoga erweitert das Bewusstsein

Yoga ist ein umfassender Prozess, der das Drüsen- und Lymphsystem beeinflusst und hierdurch den Kreislauf aktiviert und den Körper reinigt. Auf einer höheren Ebene öffnet Yoga unsere Wahrnehmungsfähigkeit und erweitert unser Bewusstsein. Insofern ist Yoga eine ganzheitliche Disziplin, die gleichzeitig die Chakren und Farbenergien in unserem Körper aktiviert. Durch die Kräftigung der Farben unserer Chakren (siehe Tabelle auf S. 24) verhilft Yoga zu innerer Stärke und Ausgeglichenheit.

Das Stimulieren der Energiezentren

Im Folgenden stelle ich sieben Yogaübungen vor, die jeweils die verschiedenen Energiezentren des Körpers zu stimulieren vermögen. Diese Übungen sollten aber nur gemacht werden, wenn Sie bereits mit den Grundvoraussetzungen und -techniken von Yoga vertraut sind. Während der Übungen sollten Sie die Farbe visualisieren, die der jeweiligen Chakrafarbe entspricht.

Aktivierung des Basiszentrums

Aus der Rückenlage richten Sie ein Bein gestreckt nach oben, während das andere Bein der Länge nach auf dem Boden bleibt. Winkeln Sie das hochgestreckte Bein an, bis Sie mit dem Knie die Brust berühren. Dabei können Sie das Knie mit den Händen halten. Atmen Sie tief ein, während Sie gleichzeitig den Kopf heben, so dass Stirn und Knie sich berühren. In dieser Position verbleiben Sie einen Moment, dann atmen Sie wieder aus und lassen dabei den Kopf zurücksinken. Nun wiederholen Sie die Übung mit dem anderen Bein. Zum Abschluss heben Sie beide Beine beim Einatmen gleichzeitig an, beim Ausatmen drücken Sie die Knie fest gegen den Oberkörper.

Mit dieser Übung regen Sie den Blutkreislauf an, normalisieren die Darmtätigkeit und entlasten die Venen.

Eine sehr einfache Übung zur Energetisierung des roten Zentrums besteht darin, sich auf einen Stuhl zu setzen und beide Beine gleichzeitig gestreckt anzuheben.

Aktivierung des Sexualzentrums

Konzentrieren Sie sich bei der folgenden Übung, die außer dem orangefarbenen auch das rote und das gelbe Zentrum aktiviert, besonders auf die Magengegend: Knien Sie sich auf alle viere, Hände und Knie dabei in Schulterbreite. Während Sie einatmen, heben Sie den Kopf und lassen die Wirbelsäule ganz tief sinken. Bei der Ausatmung bewegen Sie sich entgegengesetzt, Sie machen also einen Katzenbuckel, ziehen den Kopf nach vorn auf die Brust und ziehen die Schließmuskel zusammen.
Diese Übung wiederholen Sie einige Male. Sie stärkt Wirbelsäule, Nacken und Schultern und hilft gegen Schmerzen während der Menstruation.

Aktivierung des Bauchzentrums

Setzen Sie sich aufrecht mit ausgestreckten Beinen und dicht nebeneinander liegenden Füßen auf den Boden. Sie lehnen sich zurück und stützen sich auf die Hände. Heben Sie das Gesäß, während Sie gleichzeitig einatmen und den Schließmuskel zusammenpressen. Verharren Sie in dieser Stellung für einen Moment, bevor Sie beim Ausatmen das Gesäß langsam wieder senken.

Aktivierung des Herzzentrums

Die folgende Übung streckt den Darm und die Unterleibsorgane und sendet Energie in die Herzgegend: Sie legen sich auf den Rücken und halten die Arme

dicht am Körper. Sie stützen sich auf die Ellbogen und drücken den Oberkörper nach oben. Der Kopf bleibt so unten, dass der Scheitel den Boden berührt. Die Hände legen Sie über Ihrer Brust in Gebetshaltung gegeneinander.
Bleiben Sie in dieser Haltung möglichst lange, wobei Sie tief und langsam atmen. Anschließend bewegen Sie sich langsam wieder in die Ausgangslage zurück, während Sie auf die Ellbogen gestützt bleiben.

Aktivierung des Kehlkopfzentrums

Der Schulterstand sollte nicht während der Menstruation durchgeführt werden, ebenso nicht, wenn Sie eine vergrößerte Schilddrüse oder zu hohen Blutdruck haben.
Sie legen sich ausgestreckt auf den Rücken und nehmen die Arme seitlich an den Körper, wobei die Handflächen auf dem Boden liegen. Stützen Sie sich damit ab, während Sie die gestreckten Beine hochheben. Mit den Handflächen können Sie nun den Rücken abstützen. Während dieser Übung pressen Sie das Gesäß zusammen und das Kinn gegen die Brust.

Aktivierung des Augen-/Kopfzentrums

Hier können Sie durch Kontraktion verschiedener Partien die Elastizität einzelner Kopfmuskeln stärken. Reiben Sie die Handflächen aneinander und legen Sie die Handballen dann nebeneinander über die

Augenbrauen und die Finger auf den Kopf. Kontrahieren Sie mit beim Einatmen leicht vorgeneigtem Kopf den Stirnmuskel, so dass sich die Haut auf der Stirn nach oben und unten zieht. Beim Ausatmen heben Sie den Kopf und blicken nach oben - eine Übung zur Belebung der Stirnregion.
Legen Sie die Handballen in den Nacken und die Fingerspitzen im Abstand von zwei Zentimetern auf den Hinterkopf, ziehen Sie beim Ausatmen die Kopfhaut in Richtung Fingerspitzen und lassen Sie diese sich aufeinander zu bewegen. So werden die Nackenmuskeln kontrahiert und entspannt.
Spitzen Sie mehrmals die Lippen, dann öffnen Sie den Mund ganz weit.
Legen Sie die Fingerspitzen auf die Schultern. Atmen Sie tief ein, wobei Sie den Kopf vorbeugen und die Ellbogen anheben. Beim Ausatmen heben Sie den Kopf und lassen die Ellbogen hinunter.

Aktivierung des Scheitelzentrums

Zur Aktivierung des violetten Zentrums bieten sich verschiedene »Kopfstandübungen« an, die allerdings nur unter Aufsicht eines Lehrers geübt werden sollten. Übungen, bei denen der Kopf weit nach vorn gebeugt wird, haben eine ähnliche, wenngleich schwächere Wirkung.

3 Farben und unsere Umgebung

Wie kann ich meine Umgebung farblich so gestalten, dass sie meinem Befinden und meinen Bedürfnissen entspricht?

Unsere farbliche Umgebung sollten wir nicht dem Zufall, unserer Geldbörse oder irgendwelchen vergänglichen Modewellen überlassen. Die Farben um uns herum beeinflussen uns durch ihre Schwingungen in physischer wie emotional-geistiger Hinsicht und haben Einfluss auf unser körperliches und seelisches Empfinden.

Der Einfluss der Farben auf das Empfinden

Um Ihnen das Ausmaß der Farbwirkung verständlich zu machen, möchte ich dieses Kapitel mit einer Anekdote beginnen:
Nachdem ein Maler den Auftrag, ein Zimmer völlig rot auszumalen, nur unter Schwierigkeiten erfüllt hatte – er musste immer wieder den Raum verlassen, um gegen aufkommende Schwindel- und Übelkeitsanfälle anzukämpfen –, fragte er seinen Auftraggeber, was er mit einem solchen Raum bezwecke.
Die Antwort lautete: »Ich bin Boxer. Wenn ich zehn bis fünfzehn Minuten in einem roten Raum trainiere, bevor ich in den Ring gehe, gewinne ich jeden Kampf.«

Farbgestaltung in der privaten Umgebung

In unseren Wohnräumen bilden die Wände die größten Flächen um uns herum. Weiß hat sich in unserem Kulturkreis als Wandfarbe durchgesetzt. Es bietet einen neutralen Hintergrund für Möbel und Teppiche, reflektiert alle Lichtwellen, ohne eine bestimmte Farbe herauszufiltern, und wirkt mangels eigener Lichtenergie befreiend von Farb- und anderen Einflüssen. Es gibt auch Menschen, die mit Weiß Probleme haben. Jemand, der auf dem Wege der karmischen Läuterung schon sehr weit fortgeschritten ist, wird möglicherweise die kleinste Verschmutzung auf der weißen Wand als Störung empfinden. Bei jemandem, bei dem (die unreine Farbe) Schwarz in einem Kraftzentrum vorkommt, mag Weiß den Körper zu einem Selbstreinigungsprozess anregen, was zu so heftigen Reaktionen wie Fieber, Erkältung oder Magenbeschwerden führen kann.

Bewusstsein schaffen für die eigenen Farbvorlieben

Wir sollten uns also unserer Farbvorlieben bewusst werden, bevor wir weitreichende Farbentscheidungen treffen. Gleichzeitig ist es wichtig, ein Gespür dafür zu bekommen, warum man bestimmte Farben vorzieht und andere ablehnt. Die emotionale Reaktion auf Farben kann unterschiedliche Gründe haben. Einerseits kann man eine Farbe attraktiv finden, weil sie die eigene innere Farbstrahlung wiedergibt, zum anderen kann genau das Gegenteil der Fall sein: Intuitiv kann sich in bestimmten Vorlieben das Bedürfnis nach einer Farbe ausdrücken, die in einem Chakra gebraucht wird, in dem die Harmonie verloren gegangen ist.

Oft wissen wir instinktiv, ob uns eine Farbe gefällt oder nicht, aber unser Farbbewusstsein ändert sich.

Zu derselben Farbe haben wir nach einiger Zeit ein anderes Verhältnis. Das liegt natürlich an der ästhetischen Entwicklung unserer Umwelt, auch an modischen Vorstellungen, die sich verändern und verschieben, aber zu einem nicht unerheblichen Teil kann die wechselnde Farbeinstellung Spiegel unserer inneren Befindlichkeit sein und Veränderungen in unseren Chakren anzeigen. Wenn wir diese Zusammenhänge durchschauen, können wir Farbe aktiv dazu verwenden, unsere eigenen Geheimnisse zu lüften.

Gehen Sie ganz bewusst durch die Räume Ihrer Wohnung und spüren Sie den einzelnen Farben darin und ihren Wirkungen auf Ihr Befinden nach. Wo fühlen Sie sich am wohlsten, in welchem Raum halten Sie sich nicht so gern auf? Stellen Sie sich den Raum in anderen Farben vor, und überlegen Sie, wie er Ihnen besser gefallen würde.

Dieselbe Farbe hat unterschiedliche Wirkung

Der Umgang mit Farben ist eine sehr persönliche und individuelle Angelegenheit. Nicht nur wirkt ein und dieselbe Farbe auf zwei verschiedene Menschen höchst unterschiedlich, auch bei demselben Menschen kann sie wechselnde Wirkungen entfalten. Daher sind die Ratschläge, die ich Ihnen im Hinblick auf die Farbgestaltung Ihrer Umgebung geben möchte, als sehr allgemeine Leitlinien gedacht, mit denen Sie - vielleicht zunächst tastend und Verschiedenes ausprobierend - auf jeden Fall selbständig umgehen sollten.

Wie bereits gezeigt, ist *Rot* als Wandanstrich zu vermeiden. Es ist die Farbe der Energie und der Fortpflanzungsregion, und man sollte ausgesprochen überlegt mit ihr umgehen. Für Menschen mit schwacher Sexualkraft oder für Frauen, die nicht schwanger werden können, empfiehlt sich Rot im Schlafzimmer. Benutzen Sie rote Bettwäsche und Kissen, oder hängen Sie rote Vorhänge und Bilder auf. Besonders intensiv wirkt sich rotes Licht im Schlafzimmer auf die Libido aus.

Aber Vorsicht: Rot kann im positiven Sinne Impulse geben und vitalisieren, zu starker Roteinfluss führt hingegen zu Aggression und Gewalt. Es ist eine Farbe, die zum Ausleben von frustbedingtem Zorn, zur Entladung blockierter Gefühle einlädt. Wir sagen: Jemand »sieht rot«, wenn er sich von seiner Wut mitreißen lässt und »durchdreht«. Diese Zusammenhänge werden therapeutisch, besonders in der Gruppentherapie, häufig eingesetzt, um emotionale Blockierungen zu lösen. Andersherum gesagt: Vermeiden Sie Rot bei Schlafproblemen, und auch, wenn Sie oder Ihr Partner zu leichter Erregbarkeit, zu Hitzigkeit neigen oder wenn Ihr Kind hyperaktiv ist.

Rot löst blockierte Gefühle

Für das Schlafzimmer empfehle ich als Grundton im allgemeinen *Hellblau*. Es entspannt und beruhigt, einige sinnliche Akzente lassen sich mit farbigen Kissen oder Bildern setzen. Bei Schwierigkeiten mit dem Einschlafen oder nervöser Schlaflosigkeit hilft zusätzlich *dunkelblaue* Nacht- und Bettwäsche. Dunkelblau wirkt blutdrucksenkend und verlangsamt die Gedanken, es führt somit leichter den Schlaf herbei. Zu viel Dunkelblau allerdings kann Alpträume verursachen.

Dunkelblau wirkt blutdrucksenkend

Frauen im Klimakterium empfehle ich ebenfalls, sich mit blauen Farbtönen zu umgeben, damit die unangenehmen Begleiterscheinungen der »Wechseljahre«, wie Hitzewallungen und Stimmungsschwankungen, sowie auch die Strahlenwirkungen der Alltagsumgebung aufgefangen oder gemildert werden können. Bei Menschen, die unter allergischen Hautreaktionen leiden, unterstützt blaue Nachtwäsche die Linderung des Juckreizes.

Hellblau ist angenehm für die Augen. Es hilft, Streit zu schlichten. Ganz allgemein ist es eine Farbe der Entspannung. Sie lädt ein zu träumen, ohne dass man einschläft. Kinder fühlen sich mit Hellblau besonders wohl.

Besonders in der kalten Jahreszeit, in der wir Mitteleuropäer häufig darunter leiden, dass der Himmel von grauen, dunklen Wolken verhangen ist, sollten wir uns bewusst mit hellblauen Farben umgeben, die uns in einen Zusammenhang mit Himmel und Meer stellen.

Pfirsich hält jung und ist heilsam für die Haut

Manche Menschen bevorzugen für das Schlafzimmer einen kräftigen *Pfirsichton*, der jung hält und eine heilsame Wirkung auf die Haut hat. Hierbei ist allerdings darauf zu achten, dass die Farbe frisch wirkt. Ein zu stumpfer Pfirsichton macht lethargisch; auch vor zu harten Schattierungen sollte man sich hüten.

Eine verwandte Farbe ist das *Orange*, das aufgrund seiner stark belebenden Wirkung ebenfalls als Wandanstrich vorsichtig zu handhaben ist. Allerdings ist Orange aufgrund seiner Mittelstellung zwischen dem vom Intellekt regierten Gelb und dem von Sexualität und Triebhaftigkeit regierten Rot in vielen Zusammenhängen sehr positiv besetzt und nutzbar. Beispielsweise kann das Zimmer eines zur Depression neigenden Menschen durchaus eine orangefarbene Wand haben. Sie heitert auf, bringt Freude und Wärme ins Leben.

Sind Sie besonders wetterfühlig, düsteren Stimmungen im Herbst und Winter ausgesetzt? Ich würde Ihnen empfehlen, einen orangefarbenen Regenschirm zu benutzen. Kommen Sie morgens nicht »in die Gänge«, leiden Sie häufig unter Trägheit? Setzen Sie die Farbe Orange ein, um Ihre Lethargie und Teilnahmslosigkeit abzuschütteln. Ein orangefarbenes Plakat im Badezimmer verhilft Ihnen nicht nur zu mehr Wachheit, sondern regt auch Ihre Verdauung an. Oder wie wäre es mit einem Glas Orangen-, Aprikosen- oder Mangosaft nach dem Aufstehen?

Orange wirkt appetitanregend

Auch in der Küche kann Orange zu dauerhaft günstiger Wirkung führen. Wenn Sie unter Appetitmangel leiden, gerade am frühen Morgen keinen Bissen herunterbekommen, gehört Orange an die Wand. Mit orangefarbenen Möbeln wäre ich vorsichtiger, denn sie sind schwieriger auszutauschen als ein Plakat oder auch eine Wandfarbe.

Übrigens kann die appetitanregende Wirkung der Farbe noch durch das Tapetenmuster unterstützt werden: Küchentapeten mit diversen Lebensmitteln, etwa bunten Früchten, wirken auch förderlich auf den Appetit von Kindern, denen oft noch sehr wenig schmeckt. Es versteht sich von selbst, dass man im umgekehrten Fall, also bei Übergewicht und zu starkem Appetit, vollständig auf Orange in der Küchenumgebung verzichtet.

Bei Traurigkeit hilft neben Orange auch *Gelb*. Jeder Mensch, jedes Lebewesen braucht zu seiner Entwicklung Sonnenlicht. Fehlt dieses, so schrumpfen wir – körperlich und seelisch. Besonders Menschen aus Regionen, in denen die Sonne selten ihre Kraft entfalten kann, leiden unter dem sprichwörtlichen

Sonnenhunger. Bekanntermaßen schnellt die Selbstmordrate in den skandinavischen Ländern während der dunklen Winterzeit hoch. Haben Sie zu selten Gelegenheit, über Augen und Haut das notwendige Sonnenlicht aufzunehmen – zum Beispiel, weil Sie tagsüber in geschlossenen, fensterlosen Räumen arbeiten oder in solchen, die durch getönte Fenster die Gelbwirkung der Sonnenstrahlen abhalten, so empfehle ich, alle zehn Tage für ungefähr 20 Minuten unter eine Sonnenbank zu gehen. Ein Mangel an Sonnenstrahlen hat Arbeitsunlust, Depressionen und erhöhte Anfälligkeit für Erkrankungen zur Folge.

Fehlende Sonneneinwirkung ist auf Dauer nicht zu ersetzen, aber in gewissem Umfang können Sie sich mit Hilfe eines gelben Wandanstrichs in einem Raum stärken, in dem Sie sich häufig aufhalten. Da Gelb gleichzeitig die Farbe ist, die geistige Aktivitäten unterstützt, könnte dies Ihr Arbeitszimmer sein. Eine aufs Fenster geklebte gelbe Folie hält Sie wach und geistig aktiv. Denken Sie auch an die freundliche und aufheiternde Wirkung, die von gelben Blumen, etwa den ersten Forsythien, einem Tulpen- und Narzissenstrauß im Frühling oder von Sonnenblumen im August ausgeht.

Gelbe Blumen haben aufheiternde Wirkung

Wichtig ist die Gelbwirkung auch für Kranke, besonders für diejenigen, die verzagt sind und kaum noch an eine Heilung glauben. Hier unterstützen, neben einer freundlich-gelben Farbe des Krankenzimmers, Bettwäsche und Kleidung in tiefen Gelb- oder – will man einige fröhliche Akzente setzen – auch in Orangetönen einen Prozess, in dem der Kranke wieder Lebensmut und Hoffnung auf Gesundung findet.

Menschen, die morgens Stimmungsschwankungen unterliegen und sich nach dem Aufstehen niedergeschlagen, depressiv und antriebsschwach fühlen, empfehle ich ein gelb gekacheltes Bad mit gelbem Duschvorhang (etwa mit Blumenmuster) und gelben Teppichen, in dem sie die freundlichen Schwingungen während der Morgentoilette in sich aufnehmen und so ein inneres Gleichgewicht finden können.

Gelb hilft bei Lernstörungen

Gelb als die Farbe des Verstandes hilft bei Lernstörungen. Gelbe Vorhänge, ein gelber Teppich im Zimmer Ihres Kindes hellen nicht nur die allgemeine Atmosphäre auf, sondern unterstützen Ihr Kind beim Lernen, insbesondere beim Rechnen.

In der Umgebung stark vom Intellekt bestimmter Menschen hingegen sollte man sparsam mit der Farbe Gelb umgehen.

Grün wirkt beruhigend auf das Nervensystem und die Galle

Ähnlich wie Blau wirkt *Grün* beruhigend und hat eine förderliche Wirkung auf das Nervensystem und die Galle. Bei überanstrengten Augen sollte man unbedingt ins Grüne blicken, zum Beispiel auf eine Wiese oder in einen Wald gehen, um dort die Augen zu entspannen. Geht dies nicht, so ist eine Bestrahlung der offenen Augen mit Grün oder *Lemon* mittels einer Farbhandlampe hilfreich. In Ihren Wohnräumen sollten Grünpflanzen als Oasen der Beruhigung nicht fehlen, zumal sie auch wegen der Sauerstoffproduktion nützlich und gesund sind.

Dort, wo Menschen in Betonbauten leben und wenig Ausblick auf natürliches Grün haben, ist es wichtig, die Wohnräume mit viel grüner Farbe zu gestalten und so für einen Ausgleich zu sorgen. Häufig wirkt ein grüner Teppich angenehm entspannend, ebenso eine Tapetenwand mit grünen Baum-, Dschungel- oder (stilisierten) Blumenmotiven.

Türkis wirkt entspannend und hilft bei Elektrosmog

Türkis ist ebenfalls eine entspannende Farbe, die zudem gegen »Elektrosmog« hilft. Für Ihre Wohnumgebung bedeutet dies, dass ein türkisfarbener Anstrich der Wand, vor der Ihr Fernseher steht, eine sinnvolle Entlastung für die ungesunden Bildschirmstrahlen darstellt. In Ihrem Arbeitsraum sollten Sie aus demselben Grund als Bildschirmhintergrund Ihres Computers die Farbe Türkis wählen. Da Türkis neben der entspannenden und von Belastungen befreienden Funktionen die Eigenschaft besitzt, die sprachliche Ausdrucksfähigkeit zu fördern, ist es als Wandfarbe sowohl für ein Schlaf- als auch ein Arbeitszimmer, in dem viel geschrieben und formuliert wird, geeignet.

Sind Sie ein »Telefonmuffel«, müssen aber gleichwohl häufig Telefongespräche führen? Sie sollten Ihr Telefon auf einer türkisfarbenen Unterlage, zum Beispiel einer Decke, oder vor einer türkisfarbenen Wand oder einem türkisfarbenen Bild stehen haben. Die Farbe Türkis hilft zurückhaltenden Menschen, ihre Scheu zu überwinden. Richten Sie Ihre Umgebung in dieser Farbe ein, wenn Sie zu diesen Menschen gehören, oder legen Sie eine türkisfarbene Tischdecke auf, wenn Sie von einer scheuen Person besucht werden. Sie helfen ihr so, sich wohler und sicherer zu fühlen und auch leichter ihre Gedanken in Worte zu fassen.

Braun ist die Farbe der Geborgenheit

Eine andere Farbe, die Sicherheit und ein Gefühl der Geborgenheit vermittelt, ist *Braun*. Als Farbe der Mutter Erde stellt sie einen Schutz dar, den wir möglicherweise empfinden, wenn wir uns in braunen

Sitzmöbeln behaglich fühlen. Kleine Kinder mögen häufig dunkle Ecken und Nischen zum Spielen, ein brauner Teppich in der »Kuschelecke« gibt ihnen das Gefühl des Beschütztseins, so dass sie sich dorthin nach wagemutigen Abenteuern und neuen Erfahrungen immer wieder zurückziehen. Wenn Sie mit Holzmöbeln eingerichtet sind, gibt es in der Regel genügend Brauntöne in Ihren Wohnräumen. Ein Zuviel an Braun blockiert jedoch die Kreativität und fördert die Unterwürfigkeit. Achten Sie auf ein Gleichgewicht zwischen Erd- und Himmelsfarben, und sorgen Sie durch Zierpflanzen für ausreichende Harmonisierung.

Grau reduziert die Körperenergie

Eine weitere eher dunkle Farbe ist *Grau*, das die Körperenergie reduziert und Leistungsfähigkeit tendenziell mindert. Versetzen Sie sich in eine graue Stadtlandschaft, über der ein grauer Himmel lastet. Allein die Vorstellung schlägt auf die Stimmung. Dennoch hat Grau auch seine positiven Aspekte. Es hilft nämlich, die Urteilskraft und Kritikfähigkeit zu schärfen. Wenn Sie also ansonsten von hellen Farben umgeben sind, spricht nichts gegen graue Möbel, besonders in Ihrem Arbeitszimmer.

Gold ist eine positive Farbe, die keinesfalls Schaden anrichten kann, so dass Sie in Ihrer Umgebung unbedingt mit einigen Goldtupfern Akzente setzen sollten, etwa durch Goldrahmen an Bildern und Spiegeln, durch goldfarbene Lampenständer und Türklinken.

Silber hilft bei Mattheit

Auch *Silber* ist eine nützliche Farbe. Falls Sie Silber sammeln oder Silberschmuck besitzen, sollten Sie sich mit seinen Energien aufladen, wenn Sie sich matt und erschlafft fühlen.

Creme hat eine lähmende Wirkung

Creme als Farbe in Ihrer Wohnumgebung ist neutral und vielfältig, gibt aber das Gefühl von Langeweile. Geradezu lernbehindernd wirkt es in Arbeits- oder Schulräumen. Creme hat eine eher lähmende Wirkung.

Wichtig ist, dass Sie nach sorgfältiger Selbstbeobachtung herausgefunden haben, welche Farben Ihnen wirklich gefallen und gut tun. Manchmal fühlt man sich mit einer Farbe emotional wohl, weil man mit ihr vertraut ist und sie gewohnheitsmäßig bevorzugt, ohne zu bemerken, dass der Körper andere Farben braucht – und dies auch durch diverse Beschwerden zu signalisieren versucht.

Farbgestaltung in beruflichen Räumen

Farbanforderungen an die berufliche Umgebung

Die meisten Menschen sind beruflich in Büroräumen tätig. Je nachdem, welcher Tätigkeit Sie nachgehen, sollten unterschiedliche Farbanforderungen an die berufliche Umgebung, in der man einen beträchtlichen Teil seines Lebens verbringt, gestellt werden. Jeder zweite Patient, der zu mir in die Praxis kommt, hat Beschwerden, deren Ursachen im Arbeitsumfeld zu suchen sind.

Unabhängig von den jeweiligen Spezialisierungen ist die Lichtwirkung. Hier gilt für jeden Arbeitsplatz, dass möglichst viel natürliches Licht zur Verfügung stehen sollte. Getönte Fensterscheiben, wie sie in vielen Bürohäusern zu finden sind, filtern die fördernden Anteile der Sonnenstrahlen heraus und machen die Menschen auf Dauer krank und depressiv. Lassen sich die getönten Fensterscheiben nicht auswechseln, so ist eine Arbeitsplatzbeleuchtung mit dem so genannten »Vollspektrumlicht« zu empfehlen. Gleiches gilt auch, wenn Sie eine Tätigkeit ausüben, bei der die Augen stark beansprucht werden.

Viele Menschen sitzen mittlerweile den ganzen Tag vor einem Computer, was in mehrfacher Hinsicht die körperliche Gesundheit angreift. Um sich mittels Farbe vor der vom Bildschirm ausgehenden Strahlung zu schützen und sich vom so genannten Computersmog zu reinigen, ist es empfehlenswert, *Türkis* als Bildschirmhintergrund zu wählen.

Türkis als Strahlenschutz

Ein Arbeitsraum, in dem kreativ gearbeitet wird, in dem sich also zum Beispiel regelmäßig einige Kollegen zum »Brainstorming« treffen, sollte entsprechende Farbimpulse aussenden, etwa einige Tupfer *Rot* zur Leistungssteigerung, *Gelb* zur Schärfung des Intellekts und analytischen Verstandes und komplementär dazu *Violett* als Farbe der Inspiration.

Hingegen empfiehlt sich für eine Umgebung, in der es bewegt und hektisch zugeht, eine Färbung mit beruhigendem Charakter, etwa ein Wandanstrich in *blauen, grünen* oder *türkisfarbenen* Pastelltönen.

Arbeitsräume, in denen sich viele Menschen befinden und wo großer Lärm herrscht, können mit einem *rosafarbenen* Anstrich dem darin arbeitenden lärmempfindlichen Menschen seine Berufsausübung erleichtern. Auch wirkt eine bestimmte Rosaschattierung gegen Aggressivität und Feindseligkeit; in den USA wird sie in der Geriatrie sowie bei der Therapie von Jugendlichen und Familien eingesetzt. Wegen der entspannenden und sedativen Wirkung von Rosa gehen dort mittlerweile auch Geschäftsleute zu rosafarbenen Anstrichen ihrer Räume über. Nachweislich

Rosa hilft bei Lärm

werden sogar Blinde in rosa Räumen ruhiger, da unter dem Einfluss dieser besänftigenden Farbe sich der Herzmuskel langsamer bewegt und aggressive Energien abgeleitet werden.

Magentarot hilft beim Organisieren

Liegen Ihre beruflichen Aufgaben überwiegend im organisatorischen Bereich, so wirkt sich ein Farbklecks *Magentarot* in Ihrem Büro förderlich auf Ihre Organisationsfähigkeit aus. Es erweitert und steigert Ihre Bewusstheit und macht Sie souveräner und allgemein sicherer. Aber bitte keine ganzen Wände damit streichen!

Bei einer Tätigkeit, die hohe Konzentration und mentale Präsenz erfordert, kann Sie sowohl ein *gelber* als auch ein *türkisfarbener* Anstrich bei Ihrer geistigen Arbeit unterstützen.

An dieser Stelle möchte ich Ihnen einen Tip geben, falls Sie bei Konferenzen und Tagungen gelegentlich Diavorträge halten. Wegen der herrschenden Dunkelheit im Raum stellt sich der Körper auf Entspannung ein, gleichzeitig strengt der konzentrierte Blick auf die Lichtbilder die Augen an, so dass die Teilnehmer dazu neigen, während des Vortrags einzuschlafen. Legen Sie als letztes Dia eine leuchtend gelbe Folie ein. So wird jeder wieder ganz wach.

Blau und Grün in den Ruhezonen

Wichtig ist, dass die Farben in den Ruhezonen der Entspannung dienen. Bei der Einrichtung einer Cafeteria oder der Firmenkantine sollten weder finanzielle noch modische Erwägungen eine Rolle spielen. Diese Räume dienen dem Abschalten, und nur wenn sie die körperliche und geistige Regeneration unterstützen, ist auch eine produktive Weiterarbeit nach der Pause gewährleistet. Für die Ruhezonen sind die Farben *Blau* und *Grün* wichtig, beispielsweise ein blassblauer

Türkis

Wohlbefinden: Verschafft geistige Klarheit • Fördert die schöpferische Kreativität.

Selbstheilung: Kühlt und erfrischt • Erhöht die sprachliche Ausdruckskraft • Wirkt beruhigend bei mentaler Nervosität • Unterstützt und entlastet die Schilddrüse bei Elektrosmog.

Die private Umgebung: Kühlt und entspannt • Entlastet bei Elektrosmog • Hilft, die Ur-Wahrheit zu leben.

Die berufliche Umgebung: Als Farbtupfer ideal für Eingangshallen, Callcenter und Konferenzräume • Steht für die Wahrheit • Ideal als Hintergrundfarbe an Computerarbeitsplätzen.

Kleidung: Als Halstuch unterstützt es die Schilddrüsen- und die Kehlkopftätigkeit • Wirkt heilend für die Haut • Erhöht das geistige Durchhaltevermögen • Fördert die Ausdrucksfähigkeit.

Die unbewusste Aussage: Steht für Audruckskraft, Kreativität und eine rasche Kombinationsgabe • Kann die innere Wahrheit ans Licht bringen.

Das dazugehörige Energiezentrum oder Chakra: 5. Chakra: Kehlkopf- und Schilddrüsen-Chakra – Vishudda / Kanth • Stellt den Sitz der Kommunikationsfähigkeit und des schöpferischen Ausdrucks dar.

Die Anwendung auf einen Blick: Kühlt und entspannt • Unterstützt die Schilddrüse bei Elektrosmog • Verleiht Ausdruckskraft und schöpferische Kreativität.

Volksmund: Gilt bei vielen amerikanischen Indianer-Stämmen, wie z.B. den Inka, als Schutzfarbe gegen negative Einflüsse • Fördert Ehrlichkeit und Wahrheit • Verbessert die Fähigkeiten von Sprechern und Sängern.

Indigo

Wohlbefinden: Verhilft zu geistig-spirituellem Bewusstsein und Entspannung.

Selbstheilung: Wirkt beruhigend und schmerzlindernd • Lässt Schwellungen (Tumore) zurückgehen • Beschleunigt die Wundheilung • Lindert Schmerzen bei Hämorrhoiden.

Die private Umgebung: Gut geeignet zum Entspannen und Meditieren • Günstig beim Tischdecken, wenn man abnehmen möchte.

Die berufliche Umgebung: Sollte eher vermieden werden, da es sehr kühl und zu entspannend wirkt • Ideal in Meditations- und Yogazentren, in Schlafräumen von Krankenhäusern und Kinderheimen.

Kleidung: Strahlt Unnahbarkeit und Kühle aus • Trägt man es an der Stelle einer Schwellung, kann es diese lindern.

Die unbewusste Aussage: Signalisiert Rechtschaffenheit, Selbstlosigkeit und großes Wissen • Weist auf mediale Fähigkeiten hin, kann heilend wirken.

Das dazugehörige Energiezentrum oder Chakra: 6. Chakra: Stirn- und Augen- Chakra – Ajna • Stellt den Sitz der Seele dar, hier verlässt die Seele zur Stunde des Todes oder bei bestimmten Meditationsformen den Körper • Ist der Hypophyse zugeordnet.

Die Anwendung auf einen Blick: Wirkt beruhigend • Gut geeignet zur Kontemplation, zum Gebet und zur Meditationsvorbereitung • Lindert Verbrennungen, Hautverletzungen und Schwellungen.

Volksmund: Steht für Treue, für Schutz, Vertrauen, Liebe und Hingabe • Symbolisiert das Übersinnliche • Gilt als Farbe der Götter, als Mittler zwischen Himmel und Erde.

Rosa

Wohlbefinden: Lässt uns Nächstenliebe erleben.

Selbstheilung: Trägt dazu bei, Blockaden zu lösen und Schuldgefühle zu verlieren • Übung: Senden Sie gedanklich »rosa« an die Person, die Ihnen Kummer bereitet • Unterstützt die Umwandlung von körperlicher Liebe in Herzensliebe.

Die private Umgebung: Vermittelt Nächstenliebe und Mitgefühl • Versöhnt und macht sanftmütig, sehr gut für Kinderzimmer geeignet.

Die berufliche Umgebung: Als Farbtupfer ideal für Wartezimmer und Aufenthaltsräume • Wäre ideal für öffentliche Verkehrsmittel, damit Gedränge nicht schlimm erlebt wird.

Kleidung: Wirkt beruhigend • Hilft, Menschengedränge leicht zu ertragen • Betont das Bedürfnis, Nächstenliebe, Mitgefühl, Herzensliebe und Sanftmut zu zeigen.

Die unbewusste Aussage: Steht für Herzenswärme, Sanftmut und Mitgefühl • Zeigt die Tendenz, die körperliche Liebe nicht in den Vordergrund zu stellen.

Das dazugehörige Energiezentrum oder Chakra: 4. Chakra: Herz-Chakra - Anahata / Hriday • Steuert die Transformation der triebhaften Liebe.

Die Anwendung auf einen Blick: Wirkt als Transformator für überpersönliche Liebe • Löst Blockaden • Hilft beim Abbau von Disharmonien.

Volksmund: »Durch die rosa Brille sehen« • Gilt als Farbe für Verliebte • Sieht man laut französischer Redewendung nach zu viel Alkoholgenuss.

Purpur

Wohlbefinden: Verleiht Ruhe und Seriosität.

Selbstheilung: Wirkt blutdruck- und fiebersenkend • Fördert den Venenfluss • Lindert trockenen Husten.

Die private Umgebung: Hilft bei Schlaflosigkeit und unruhigem Schlaf, gut geeignet für die Kinderwiege.

Die berufliche Umgebung: Ideal für die Ruhebereiche in Kindergärten und für Schlafsäle in Internaten und Kinderheimen.

Kleidung: Vermittelt Ruhe, beliebt bei Pädagogen in temperamentvollen Klassen • Erleichtert als Nachtwäsche das Einschlafen • Steigert den Selbstwert.

Die unbewusste Aussage: Steht für Nächstenliebe, Geduld und Ehrlichkeit.

Das dazugehörige Energiezentrum und Chakra: Oberer Teil der Stirn • Beruhigt die Hirntätigkeit.

Die Anwendung auf einen Blick: Gut geeignet, um Ruhe herbeizuführen und Geduldsproben zu bestehen • Senkt den Blutdruck.

Volksmund: Purpur symbolisiert Macht und Herrschaft • Gilt als Farbe der Kirche und Bischöfe.

Orange

Wohlbefinden: Stärkt den Lebensmut, heitert auf.

Selbstheilung: Aktiviert einen Öffnungsprozess • Löst Depressionen, hilft das Schicksal mutig anzunehmen • Hilft bei Krämpfen und Gasen des Unterleibs • Hat günstigen Einfluss auf die Schwangerschaft.

Die private Umgebung: Belebt • Hilft gegen Traurigkeit und Teilnahmslosigkeit, macht Mut • Steigert den Appetit • Sorgt dafür, dass man am Morgen in die Gänge kommt.

Die berufliche Umgebung: Regt den Appetit an, bietet sich an für Restaurants • Lässt den Geldbeutel locker sitzen, gut geeignet für Geschäfte und Kaufhäuser • Mit Apricot gemischt bewirkt es Wohlgefühl, eignet sich ausgezeichnet für Warteräume.

Kleidung: Trägt zur Überwindung von Depressionen bei • Stärkt den Mut, etwas Neues zu beginnen.

Die unbewusste Aussage: Weist auf die Bemühung hin, Geben und Nehmen in Einklang zu bringen • Zeigt an, dass die Familie und das leibliche Wohl im Vordergrund stehen • Kann eine bevorstehende Schwangerschaft andeuten.

Das dazugehörige Energiezentrum oder Chakra: 2. Chakra: Sacral- und Sexual-Chakra – Svadhisthana / Indri • Umfasst die Keimdrüsen, die Ausscheidungsorgane und die Sexualität.

Die Anwendung auf einen Blick: Wirkt aufheiternd und aktivierend • Regt den Appetit an • Löst Krämpfe, auch beim Atmen • Gibt Mut zur Veränderung, hilft Probleme zu lösen • Unterstützt bei der Schwangerschaft, vitalisiert Mutter und Kind.

Volksmund: Symbol für die durch den Tod befreite Lebensenergie • Farbe des Pfingstfestes.

Gelb

Wohlbefinden: Befreit von Ängsten • Bringt Heiterkeit und ein Gefühl von Sonnenlicht.

Selbstheilung: Stärkt den Lymphfluss und die Nerventätigkeit • Aktiviert das Bauchzentrum und die Verdauung • Lässt alle Lebenssäfte besser fließen • Regt die Hirntätigkeit an.

Die private Umgebung: Vermittelt ein Gefühl von Sonnenlicht, hilft bei grauem Wetter gegen Lethargie • Hält wach und geistig aktiv.

Die berufliche Umgebung: Fördert die geistige Konzentration, gut geeignet für Schulen, Lernzimmer oder Vortragssäle • Vorsicht! Kann bei Intellektuellen zu Gefühllosigkeit führen • Muntert auf, ideal für Krankenzimmer.

Kleidung: Hilfreich in Situationen konzentrierten Nachdenkens, im Gespräch mit dem Vorgesetzten, bei der Bewältigung von Denkaufgaben.

Die unbewusste Aussage: Drückt starken Willen und Persönlichkeit aus • Zeugt von Lebensfreude • Weist auf die Tendenz hin, manchmal mehr anzunehmen, als bewältigt werden kann.

Das dazugehörige Energiezentrum oder Chakra: 3. Chakra: Nabel-Chakra – Manipura / Nabhi • Umfasst den Bereich des Solarplexus, den Magen, die Leber, die Galle, die Bauchspeicheldrüse, das Nervensystem, die Nebennieren • Steht für die Ich-Kraft.

Die Anwendung auf einen Blick: Regt Lymphe, Nerven und alle Lebenssäfte an • Fördert Ideenfindung und geistige Tätigkeiten • Erhöht die Lebensfreude.

Volksmund: Steht für Sommer, Sonne, Reife und Ernte • Farbe des Ursprungs bei den Christen • Farbe der Spiritualität bei den Buddhisten • Goethe nannte es als die Natur des Hellen.

Blau

Wohlbefinden: Verschafft Ruhe und Stärke • Hemmt den Appetit, eignet sich sehr gut für Schlankheitskuren.

Selbstheilung: Wirkt kühlend und beruhigend bei Überreizung, nervösen Zuckungen und Hitzewallungen • Hilft bei nervöser Schlaflosigkeit • Beschleunigt die Wundheilung • Lässt Schwellungen (Tumore) zurückgehen • Vermindert suchtartiges Verlangen.

Die private Umgebung: Kühlt bei Hitze, verhilft zu tiefem Schlaf • Vorsicht! Kann im Übermaß Frösteln und Alpträume verursachen.

Die berufliche Umgebung: Ideal bei großer Hitze, verleiht das Gefühl von Kühle • Sehr gut geeignet für Entspannungsräume in Wellness-Bereichen.

Kleidung: Wirkt beruhigend • Vermittelt hohe Sensibilität und Beständigkeit.

Die unbewusste Aussage: Signalisiert Ruhebedürftigkeit und Zurückgezogenheit • Steht für hohe Lebensideale und Ehrlichkeit • Deutet auf das Vorhandensein von beruhigenden und teilweise magischen Kräften hin.

Das dazugehörige Energiezentrum oder Chakra: 6. Chakra: Stirn- und Augen-Chakra – Ajna • Stellt den Sitz der Seele dar, steht in Beziehung zur Hirnanhangsdrüse.

Die Anwendung auf einen Blick: Beruhigt und kühlt • Lindert Schwellungen • Unterstützt die Wundheilung • Hemmt den Appetit.

Volksmund: Steht für Treue und Romantik • Bei Kandinsky gilt es als »Vertiefungsfarbe« und symbolisiert das Verlangen nach Reinem und Übersinnlichem • Goethe deutet es als Empfindung von Sehnsucht.

Lemon

Wohlbefinden: Unterstützt den Prozess, sich von alten Dingen zu lösen.

Selbstheilung: Stimuliert die Thymusdrüse • Übung: Beklopfen Sie die Thymusdrüse und lächeln Sie sich selbst dabei im Spiegel zu • Hilft gegen Husten • Löst Blockaden • Stärkt das Ich-Gefühl • Hilft, sich von alten Denkmustern und Erinnerungen zu lösen.

Die private Umgebung: Gut geeignet, um von alten Dingen Abschied zu nehmen.

Die berufliche Umgebung: Empfehlenswert für den Arbeitsplatz, wenn es darum geht, sich von alten Vorstellungen zu lösen und neue Ideen zu erarbeiten • Unterstützt das Gedächtnis.

Kleidung: Reinigt die Bronchien, befreit von Husten • Trägt dazu bei, sich von alten Dingen zu lösen.

Die unbewusste Aussage: Deutet auf Eigensinn hin • Zeugt von der Schwäche, nicht loslassen zu können.

Das dazugehörige Energiezentrum oder Chakra: Thymusdrüse und Lachzentrum • Steuert das Wachstum der Kinder, stimuliert das Immunsystem • Steht für Selbstbewusstsein, Lebensfreude und Lachen.

Die Anwendung auf einen Blick: Stärkt die Thymusdrüse und die Abwehr • Reinigt die Bronchien, lindert Husten • Verbessert die Gedächtnisleistung • Unterstützt den Prozess, sich von alten Dingen und Vorstellungen zu lösen.

Volksmund: Steht für Falschheit, Neid, Begehrlichkeit und Wünsche • Wird mit Epilepsie und Schizophrenie in Verbindung gebracht.

Grün

Wohlbefinden: Bringt Neutralität und Harmonie.

Selbstheilung: Gilt als die wichtigste aller Heilfarben • Beruhigt Choleriker • Beruhigt bei hitziger Röte • Entspannt überanstrengte Augen • Wirkt desinfizierend.

Die private Umgebung: Wirkt beruhigend, entspannend, kühlend und desinfizierend • Unterstützt die Problemlösung • Sollte stets in der Wohnung vorhanden sein, am besten als Zimmerpflanze • Vorsicht! Ein Zuviel kann zu Gefühlskälte und Manipulationsbereitschaft führen.

Die berufliche Umgebung: Wirkt desinfizierend, gut für Krankenhäuser und Labors geeignet • Entspannt und beruhigt überanstrengte Augen • Sorgt für kühle Atmosphäre.

Kleidung: Beruhigt bei drohenden Wutausbrüchen • Vermittelt Beständigkeit • Ein Zuviel kann auch zu Starrsinn führen.

Die unbewusste Aussage: Steht für Selbstvertrauen, Unabhängigkeit • Deutet auf Harmonie hin.

Das dazugehörige Energiezentrum oder Chakra: 4. Chakra: Herz-Chakra – Anahata / Hriday / Hara • Tor des Lebens, umfasst den Bereich unterhalb des Bauchnabels, gilt als Zentrum für den Lebenserhalt.

Die Anwendung auf einen Blick: Neutralisiert Emotionen • Beruhigt und desinfiziert • Verleiht ein Sicherheitsgefühl.

Volksmund: »Grün ist das Leben und die Hoffnung« • Gilt als Schutz vor negativen Einflüssen • Symbolisiert Willenskraft und Selbsteinschätzung • Steht für Wald und Unterbewusstsein, Wachstum und Fruchtbarkeit • Bei Hildegard von Bingen gilt die Grünkraft als die Lichtkraft • Stellt bei Kabbalisten die ausgleichende Barmherzigkeit dar • Wird in der Psychotherapie zum Neutralisieren von Aggressionen verwendet.

Hellblau

Wohlbefinden: Beruhigt mental.

Selbstheilung: Hilft, bei spannungsgeladenen Situationen ruhig zu bleiben • Übung: Legen Sie die Fingerspitzen auf die Schultern, atmen Sie tief ein, heben Sie mit vorgebeugtem Kopf die Ellbogen an und denken Sie dabei an hellblau.

Die private Umgebung: Wirkt Streit schlichtend • Entspannt sanft, ideal für Schlaf- und Kinderzimmer.

Die berufliche Umgebung: Streit schlichtend, gut geeignet für Rechtsanwaltskanzleien, Finanzämter und Kantinen.

Kleidung: Wirkt entspannend und beruhigend auf andere, ideal, wenn Streitgespräche anstehen.

Die unbewusste Aussage: Steht für das Bedürfnis, Auseinandersetzungen zu vermeiden und Harmonie und Frieden zu erlangen.

Das dazugehörige Energiezentrum oder Chakra: 5. Chakra: Kehlkopf- und Schilddrüsen-Chakra – Vishudda / Kanth • Umfasst die Handinnenflächen, gilt als Sammelstelle für kosmische Energien.

Die Anwendung auf einen Blick: Sorgt für Ausgleich und besänftigt bei drohendem Streit • Beruhigt.

Volksmund: Steht für Fernweh und Sehnsucht • Hellblauer Himmel regt zum Träumen an, lenkt ab vom Treiben der äußeren Welt.

Weiß

Wohlbefinden: Lässt Reinheit und Klarheit empfinden.

Selbstheilung: Setzt starke Reaktionen frei, da alle Farben enthalten sind.

Die private Umgebung: Gibt mehr Freiraum • Kann aber auch die Selbstheilungskräfte zu stark anregen • Sollte immer mit anderen Farben kombiniert werden.

Die berufliche Umgebung: Unbedingt mit anderen Farbtupfern kombinieren • Optimal, um ein Gefühl von Weite und Reinheit zu erzeugen.

Kleidung: Wirkt neutral • Sollte aber mit anderen Farbtupfern kombiniert werden, da zu viel Helligkeit beim Gegenüber Aggressionen hervorrufen kann.

Die unbewusste Aussage: Steht für den Neubeginn und die Freude • Strahlt Selbstlosigkeit, Vollkommenheitsbestreben, absolute Wahrhaftigkeit aus (jedoch nur bei Meistern höchster Ordnung, wie z. B. Propheten, Mystikern und Heiligen).

Das dazugehörige Energiezentrum oder Chakra: Scheitelzentrum, Tor für kosmische Energien • Hat als einziges keine Aufgabe zum Erhalt der körperlichen Funktionen.

Die Anwendung auf einen Blick: Starke Heilfarbe, die heftige Reaktionen verursachen kann • Unterstützt bei der Erschließung höherer Bewusstseinsdimensionen • Hilft bei der Selbstverwirklichung.

Volksmund: »Weiß wie Schnee« • Zeichen der Reinheit, Klarheit, Unschuld, Freude und Vollkommenheit • In manchen Ländern klassische Trauerfarbe • Gilt im östlichen Kulturdenken als Farbe der Erleuchtung • Steht bei vielen amerikanischen Indianer-Stämmen für das Geheiligte • Im deutschen und afrikanischen Volksglauben Abwehrfarbe gegen böse Einflüsse.

Rot

Wohlbefinden: Verleiht körperliche und innere Wärme.

Selbstheilung: Belebt und steigert die Energie • Regt den Stoffwechsel an, besonders bei Blutarmut und Leberschwäche • Vorsicht! Kann zu Überreizung führen.

Die private Umgebung: Stärkt die Libido, ideal als Bettwäsche in der »Hochzeitsnacht« • Vorsicht! Stark anregend, kann zu aggressiven Triebkräften führen.

Die berufliche Umgebung: Einige Tupfer steigern die körperliche und geistige Leistungsfähigkeit • Ideal für Trainingsräume im Kampfsport und bei kreativen Prozessen (z.B. Brainstorming).

Kleidung: Hebt als Farbtupfer bei tristem Wetter die Stimmung • Ein Zuviel weist auf mangelnde Lebenskraft oder Sehnsucht nach körperlicher Liebe hin • Kann auf eine Störzone hinweisen • Als Socken wärmt es bei kaltem Wetter.

Die unbewusste Aussage: Erscheint es in der Aura, weist dies auf Erfolgsstreben und körperlichen Machtanspruch hin • Es kann aber auch eine Schwäche der Lebensenergie andeuten • Ein Zuviel verursacht eine Neigung zu Aggressionen.

Das dazugehörige Energiezentrum oder Chakra: 1. Chakra: Basis-, Steißbein- und Wurzel-Chakra – Muladhara / Guda • Umfasst die Lebensvitalität und die Blutbeschaffenheit • Wirkt als Kraftspender für die Wirbelsäule.

Die Anwendung auf einen Blick: Spendet körperliche Lebensenergie und Wärme • Erhöht die Leidenschaft • Vorsicht! Ein Zuviel erzeugt Aggressionen.

Volksmund: »Rot wie Blut« • Steht für Opfer, Feuer, Leidenschaft • Galt im Mittelalter als »teuflisch« • Steht für zerstörerische Kräfte • Gilt in östlichen Ländern als Hochzeitsfarbe • Wird in der Psychologie bei Aggressionen benutzt.

Gold

Wohlbefinden: Steigert das Selbstbewusstsein und das Wohlbefinden • Erzeugt ein Gefühl von Wertigkeit.

Selbstheilung: Stärkt den Lebensmut und das Selbstwertgefühl. Wurde früher gegen Depressionen verwendet • Kann in homöopathischer Form hilfreich sein bei drohendem Schlaganfall.

Die private Umgebung: Vermittelt Wertigkeit, Treue und Wohlstand • Erzeugt Wärme und Geborgenheit.

Die berufliche Umgebung: Als Farbtupfer Zeichen für Werte und Wohlstand, aber auch Gediegenheit • Steigert das Selbstbewusstsein.

Kleidung: Fördert das Wohlgefühl • Vermittelt Beständigkeit • Vorsicht! Kann im Übermaß Protz und Geltungsdrang betonen!

Die unbewusste Aussage: Signalisiert Reinheit und Vollkommenheit • Steht für die Sehnsucht nach göttlichen Werten • Deutet auf die Fähigkeit hin, die Wahrheit und göttlich höhere Zusammenhänge zu erkennen.

Das dazugehörige Energiezentrum oder Chakra: Scheitelzentrum, Krone des Menschen • Tor für kosmische Energien.

Die Anwendung auf einen Blick: Stärkt den Lebensmut und das Selbstwertgefühl • Aufladung mit kosmischen Energien.

Volksmund: »Goldwert« • Zeichen für echte Werte oder göttliche Heiligkeit • Strahlt bei Erleuchteten als Heiligenschein oder am Herzen.

Magenta

Wohlbefinden: Hilft bei plötzlicher Schwäche • Stärkt übersinnliche Kräfte.

Selbstheilung: Vitalisiert die Lebensenergie bei Kreislaufschwäche, Ohnmacht oder Stillstand der körperlichen Funktionen.

Die private Umgebung: Wirkt belebend in Form von Farbkleksen.

Die berufliche Umgebung: Kann im Krankenhaus das Aufwachen von Patienten nach der Narkose erleichtern • Einige Farbtupfer verbessern die Organisationsfähigkeit • Fördert Souveränität und Sicherheit • Vorsicht! Nicht übertrieben einsetzen.

Kleidung: Wirkt belebend in Form von Farbkleksen • Erhöht in der Schwangerschaft den Schutz des ungeborenen Kindes.

Die unbewusste Aussage: Erscheint als Warnsignal in der Aura, wenn zu viel eigene Energien verbraucht wurden.

Das dazugehörige Energiezentrum oder Chakra: 1. Chakra: Steißbein-, Basis- und Wurzel-Chakra – Muladhara / Guda • Steht für die Schwelle zwischen Leben und Tod.

Die Anwendung auf einen Blick: Hilft bei körperlichen Schwächezuständen, vitalisiert und stärkt • Sorgt für ein ausgeglichenes, harmonisches Gefühlsleben.

Volksmund: Gilt als Farbe zur Erweckung der Toten • Der Name leitet sich von der berüchtigten Schlacht von Magenta 1859 ab, die durch grausames Blutvergießen in die Geschichte einging.

Violett

Wohlbefinden: Trägt zur inneren Reinigung bei.

Selbstheilung: Unterstützt die Reinigung bei Entschlackungskuren • Hilft gegen Warzen • Stimuliert die gestaute Milz • Übung: Optimale Wirkung, wenn man den Scheitel während des Kopfstandes mit violett bestrahlt.

Die private Umgebung: Sollte privat gemieden werden, gilt als Lust tötend • Untersetzer unterstützen die Milz und helfen bei Reinigungskuren.

Die berufliche Umgebung: Als Farbtupfer für Fastenkliniken und Meditationsräume geeignet.

Kleidung: Sinnvoll, wenn man sich einem Reinigungs- oder Läuterungsprozess unterziehen will.

Die unbewusste Aussage: Steht für kreative Inspiration • Deutet auf gut entwickelte Spiritualität und die Fähigkeit, höhere Bewusstseinsebenen zu erkennen, hin • Signalisiert den Einklang mit der kosmischen Ordnung.

Das dazugehörige Energiezentrum oder Chakra: Milz-Chakra: umfasst einen Teil des Solarplexus • Verteilt die inneren und äußeren Lichtkräfte • Scheitelzentrum, wird fälschlicherweise oft auch Kronen-Chakra genannt • Tor für kosmische Energien.

Die Anwendung auf einen Blick: Gut geeignet zur Reinigung, körperlich, mental und seelisch • Wirkt ausgleichend auf blockierte Hirnhälften • Entlastet die Milz.

Volksmund: »Violett der letzte Versuch«, um etwas zu erneuern, muss es erst gereinigt werden • Symbolisiert den Übergang zwischen Tag und Nacht • Gilt als Farbe der Mystik • Vermittelt als Priesterfarbe zwischen Himmel und Erde.

Scharlachrot

Wohlbefinden: Wirkt stark anregend.

Selbstheilung: Steigert die Sexualkraft • Hilft bei Stauungen • Kann Periodenschmerzen lindern.

Die private Umgebung: Bei privaten Räumen und Wänden meiden, da es stark anregt, kann zum Erbrechen führen • Hilfreich bei extremer Müdigkeit, als Farbtupfer auf dem Waschlappen oder Handtuch morgens im Bad • Ideal zum Abbau von Aggressionen, z.B. in Form eines roten Kissens • Kann auch als Wärmespender bei kalter Witterung dienen.

Die berufliche Umgebung: Vorsicht! Nur als kleine Farbtupfer verwenden • Fördert die Leistungsfähigkeit, besonders körperlich • Gut geeignet, um Menschen zu animieren.

Kleidung: Peppt Langweiliges auf • Wärmt kalte Füße • Setzt körperliche Signale: kann Ihr Gegenüber zum »Glühen« bringen.

Die unbewusste Aussage: Kann bei Kindern ein Zeichen für Wachstum sein • Wenn es in der Aura fehlt, bedeutet dies einen Mangel an Wachstumskräften • Bei Erwachsenen kann es auf gefährlich angestaute Energien, Triebe und Wut hinweisen.

Das dazugehörige Energiezentrum oder Chakra: 1. Chakra: Basis-, Wurzel- und Steißbein-Chakra – Muladhara / Guda • Steht für extremen Lebenswillen.

Die Anwendung auf einen Blick: Stark anregend und motivierend • Wärmt • Steigert die Sexualkraft.

Volksmund: Steht für Feuerkraft, Blut, brennende Leidenschaft • In der Medizin spricht man von fiebriger Scharlachröte, die beim Verbrennen der körperlichen Gifte entsteht.

Wandanstrich mit dunkelblauen Tischen und Stühlen sowie vielen Pflanzenoasen, durch deren Grünwirkung die Augen und der Geist ausruhen können.
Neonlicht in Kantinen mindert nachweislich den Appetit, der Körper reagiert gereizt auf die dort eingenommenen Speisen. Hingegen wirkt Kerzenlicht auf den Körper beruhigend und ruft Wohlbefinden hervor. Zur Unterstützung der Gesundheit und zur Erhaltung und Förderung der geistigen und körperlichen Arbeitskraft empfehle ich, zusätzlich zu den üblichen Ruhezonen – Cafeterias, Kantinen – entsprechend farblich gestaltete Meditationsräume einzurichten, in denen die Kräfte auf mentalem Weg und unter Zuhilfenahme der Farbenergien effektiv aufgefrischt werden können.
Es gibt Orte, an denen Menschen nur in solchen Situationen zusammenkommen, in denen sie tendenziell ängstlich sind, zum Beispiel die Wartezimmer von Zahnarztpraxen. Hier kann ein beruhigender hellblauer oder grüner Anstrich dazu führen, dass sich Spannungen und Verkrampfungen abbauen. Um sich geborgen, wohl und entspannt zu fühlen, ist *Apricot-Orange* ideal. Unser Unterbewusstsein wird an die Zeit im Mutterleib erinnert.

Apricot-Orange baut Spannungen und Verkrampfungen ab

Mittlerweile wird beim Bau von Krankenhäusern und Sanatorien der Formen- und Farbeinsatz bewusst gestaltet, damit bestimmten Leiden entgegengewirkt werden kann. So haben sich Farben des blauen Spektrums – Violett, Blau, Türkis – als lindernd bei Asthma, Verspannung und Schlaflosigkeit erwiesen, während Farben des roten Spektrums – Orange, Rot, Gelb – vitalisierend wirken und Ermattung und Teilnahmslosigkeit ausgleichen.

Natürlich gilt in allen Fällen, dass anstelle von oder zusätzlich zu dem empfohlenen Wandanstrich die entsprechenden Farben in anderer Form vorkommen können: im Fußboden, als Türanstriche, als Vorhänge oder Gardinen, als Bilder, Möbel oder sonstige Einrichtungsgegenstände.

Die Kostensteigerung im Gesundheitswesen betrifft viele Unternehmen und deren Mitarbeiter. Eine ursächliche Behebung der auslösenden Faktoren wird in den wenigsten Fällen veranlasst. Ein neu hinzugekommener Büroraum einer Firma wurde in einem sehr kalten Blau gestrichen. Man dachte, es müsse doch ein Vergnügen sein, sich auch bei der Arbeit in vier Wänden wie unter der Frische des offenen, weiten Himmels zu fühlen. Aber die Sache ging nach hinten los. Unverhältnismäßig viele Mitarbeiter, die in dem neuen Großraumbüro ihren Platz gefunden hatten, meldeten sich krank. Erkältungen und Irritationen von Blase und Nieren waren an der Tagesordnung. Schließlich stellte es sich heraus, dass es nur die kühle Wandfarbe sein konnte.

Die Gestaltung des Arbeitsplatzes beeinflusst die Leistung

Von einem Innenarchitekturbüro, mit dem ich eng zusammenarbeite, hinzugezogen, erstellte ich ein neues Farbkonzept mit speziellen Mineralfarben. Später im größeren Rahmen angestellte Untersuchungen demonstrierten, was hier die Praxis an den Tag gebracht hatte: Das subjektive Raumklima wird stark von der Farbe bestimmt.

Sehr deutlich kristallisierte sich heraus, dass die bewusst eingesetzte Farbauswahl für den individuellen Arbeitsbereich sich positiv auf die Leistung und das Wohlbefinden jedes Einzelnen auswirkt.

Empfehlungen im Überblick

Weiß

privat: Neutraler Wandanstrich mit starker eigener Strahlkraft, jedoch nicht für jeden geeignet.
beruflich: In Kliniken und Sanatorien überwiegend benutzte Farbe, aber aus psychologischen Gründen nicht gut geeignet.

Hellblau

privat: Entspannende, beruhigende Farbe, die für das Schlaf- und das Kinderzimmer geeignet ist.
beruflich: Wegen seiner streitschlichtenden Wirkung empfiehlt sich Hellblau überall dort, wo es kontrovers zugeht. Auch in Kantinen wegen seiner entspannenden Wirkung empfehlenswert.

Rot

privat: Als Raumanstrich unbedingt vermeiden! Rot ist eine äußerst heftig wirkende Farbe und sollte vorsichtig dosiert werden, zum Beispiel als Farbtupfer (Kissen, Vorhänge, Bilder) im Schlafzimmer, wo es eine sexuell anregende Wirkung entfaltet. Nicht verwenden bei Schlafstörungen, bei leichter Erregbarkeit oder Neigung zu Hyperaktivität.
beruflich: Einige Tupfer Rot in Büroräumen können leistungssteigernd wirken. Magentarot ist ein Farbton, der sich förderlich auf die Organisationsfähigkeit auswirkt.

Rosa

privat: Eignet sich als Zimmeranstrich in Kleinkinderzimmern.

beruflich: Wirkt wohltuend als Wandanstrich in Räumen, wo viel Lärm und Publikumsverkehr herrscht. Wegen seiner friedlichen Wirkung wird Rosa in der Jugend- und Familientherapie eingesetzt. Verlangsamt die Herzmuskeltätigkeit, besänftigt Aggressivität.

Orange

privat: Wegen seiner stark belebenden Wirkung ebenfalls vorsichtig als Raumanstrich verwenden. Orange hat aufheiternde, wärmende Wirkung, also ist es besonders in der düsteren Jahreszeit eine hilfreiche Farbe, in der Regenschirme und ähnliches gehalten sein sollten. Als Appetitanreger und Wachmacher kann es morgens in Form eines (Orangen-, Aprikosen-, Mango-)Saftes eingenommen werden. Ein orangefarbenes Plakat im Bad macht nicht nur wach, sondern regt auch die Verdauung an.

beruflich: Apricot-Orange entspannt, führt zu Wohlgefühl und Geborgenheit und ist somit eine ideale Farbe für Räume, in denen Menschen tendenziell Angst haben, etwa im Wartezimmer einer Zahnarztpraxis.

Gelb

privat: Die Farbe des Sonnenlichtes stärkt und ist unverzichtbar für den Organismus, sie hilft gegen Traurigkeit und Lethargie. Gelbe Wandanstriche, Kleidungsstücke, Farbtupfer aller Art halten wach und geistig aktiv. In Krankenzimmern bewirkt Gelb, dass der Kranke neuen Lebensmut fasst und auf seine Gesundung hofft. Als Farbe des Verstandes sollte

Gelb überall dort auftauchen, wo es Lern- und Denkaufgaben zu bewältigen gilt, also zum Beispiel für Kinder, die schwierige Aufgaben, insbesondere mathematischer Natur, zu lösen haben.
beruflich: Als Anstrich in Räumen, wo geistig gearbeitet wird, in Büros, auch als Pastellton in Klassenräumen. Gelbe Folie als letztes Bild führt zu allgemeiner Wachheit im Anschluss an einen Diavortrag.

Grün
privat: Beruhigende und förderliche Wirkung auf Augen und Nervensystem. Viele Grünpflanzen, grüne Tapeten, Teppiche bewirken Entspannung.
beruflich: Ideale Farbe für jede Zone, in der die Menschen sich entspannen: Kantinen, Cafeterias, entweder als pastellfarbener Wandanstrich oder in Form von Grünpflanzen, grünfarbenen Sitzmöbeln und ähnlichem.

Türkis
privat: Hilft gegen »Elektrosmog« und ist daher als Wandfarbe hinter dem Fernsehgerät zu empfehlen. Wegen der unterstützenden Wirkung beim sprachlichen Ausdruck, besonders auch bei schüchternen Menschen, gehört Türkis an Orte, an denen viel schriftlich und mündlich formuliert wird, etwa an Schreibtischen oder im Telefonbereich.
beruflich: Gut als Hintergrundfarbe beim Computerbildschirm, um die schädliche Strahlenwirkung abzumildern. Wegen der sprachunterstützenden Kraft von Türkis ist ein Wandanstrich dieser Farbe in Büros, in denen viel formuliert wird, hilfreich.

Braun

privat: Braune Sitzmöbel oder Teppiche vermitteln zusätzlich zu Holzmöbeln ein intensives Gefühl der Geborgenheit. In Kinderzimmern sollte es braunfarbene »Kuschelecken« für die Kleinen geben, an denen sie sich beschützt fühlen. Vorsicht: Zu viel Braun blockiert die Kreativität.

beruflich: Sollte wegen seiner den Geist und die Kreativität lähmenden Wirkung möglichst nicht eingesetzt werden. Allerdings eine wichtige Farbe, die in Spielecken von Kindergärten gehört.

Grau

privat: Wegen seiner Tendenz, die Körperenergien und Leistungsfähigkeit herabzusetzen, sollte Grau sparsam eingesetzt werden.

beruflich: Schärft die Kritikfähigkeit und Urteilskraft, kann daher als Farbe von Büromöbeln, auch als Anzugfarbe bei geschäftlichen Verhandlungen günstig sein.

Gold

privat und beruflich: Goldene Farbtupfer in Form von Bilderrahmen, Lampenständern, Kerzenleuchtern und ähnlichem geben Ihrer Umgebung unbedingt positive Akzente.

Silber

privat und beruflich: Durch silberne Impulse (Besteck, Spiegelrahmen, Schmuck) laden Sie sich mit neuen Energien auf, wenn Sie sich matt und erschöpft fühlen.

Die Farben unserer Kleidung

4

Wie kann ich Farben gezielt so wählen, dass meine Kleidung mit meinem Befinden und mit meinen Zielen harmoniert?

Wie kommt es, dass manchen sorgfältig geschminkten Frauen, die ihre Gesichtskosmetik mit den Haar- und Fingernagelfarben genau abgestimmt haben, der Effekt der Verschönerung nicht unbedingt gelingt, während andere Frauen ohne jegliche kosmetischen Eingriffe und trotz grauer Haare jung und schön wirken?

Jung und schön durch innere Farben

Die Erklärung hängt mit den inneren Farben zusammen. Wir alle sind auf dem Weg - oder sollten es sein - zu innerer Vervollkommnung durch Reinheit der Aura und eine gesunde, lebendige Färbung der Chakren. Wenn unsere inneren Farben stimmen, brauchen wir keine noch so teure Kosmetik, denn wahre Schönheit kommt von innen. Sie lässt Haut und Augen jung und frisch erscheinen. Wie aber erlangt man innere Schönheit?

Eine wichtige Voraussetzung ist eine gesunde Lebensweise, also Verzicht auf Giftstoffe - wie Drogen, Alkohol, Nikotin, Koffein -, ausreichende Bewegung und gesunde Ernährung: Trinken Sie viel klares, reines Quellwasser ohne Kohlensäure. Essen Sie frisches Obst und Gemüse sowie viel Salat in den Farben, die den Chakren entsprechen, die Sie stärken möchten: also rote Bete zur Stärkung der Vitalität des Basischakras, violette Pflaumen für die Milz, Limonensaft für die Thymusdrüse und so weiter. Ein regelmäßiger Fastentag, möglichst einmal wöchentlich, unterstützt die Selbstreinigungskräfte Ihres Körpers. Frische Luft und viel Sonnenlicht helfen dem Organismus, sich die Wellenlängen der jeweiligen Farben herauszufiltern, die er benötigt. Atmen Sie bewusst tief ein und aus. Üben Sie die Vollatmung, bei der Zwerchfell, Flanken und Brustkorb mit Luft gefüllt werden.

Akzeptieren Sie sich so, wie Sie sind

Eine weitere Voraussetzung zur Erlangung innerer Schönheit hängt mit Ihrer Persönlichkeitsentwicklung und der Einstellung zusammen, die Sie zu sich selbst haben: Lieben Sie sich selber, akzeptieren Sie sich so, wie Sie sind, und seien Sie ehrlich, zumindest sich selbst gegenüber. Haben Sie Mut, kreativ zu sein – durch Singen, Malen, Basteln, Schreiben, Tanzen, alles, was Ihnen (insgeheim) Spaß macht. Führen Sie ein Leben, das durch Liebe, Mitgefühl, Selbstlosigkeit und Fürsorge gegenüber anderen Menschen geprägt ist. Lernen Sie zu vergeben. Nehmen Sie durch Großmut und Barmherzigkeit Ihr Schicksal in die Hand; durch die Ausstrahlung Ihrer Aura und die Tätigkeit Ihrer Chakren ziehen Sie die Energien an, die Ihr Schicksal bestimmen.

Und nehmen Sie schließlich Farbe und Natur bewusst in sich auf. Intensive Naturwahrnehmung – von Farben, Pflanzen und Blumen – ist eine Art der Speisung, die Ihr Inneres stärkt und immer mehr verschönt. Das Bewusstsein strahlt auf das Äußere und durch es hindurch, Ihre Farben strahlen von innen heraus und machen Sie jung und schön. Diese

Schönheit allerdings muss man sich in einem langen Prozess entwickeln, sie ist nicht statisch, denn auch Ihr Inneres, Ihr alltägliches Befinden ändert sich ständig. Unterstützen Sie die Entwicklung zu Licht und Schönheit durch den bewussten Einsatz von Farben in Ihrer Kleidung.

Modefarben und individuelle Farben

Mit der morgendlichen Kleiderauswahl reagieren wir bereits unterbewusst auf unsere jeweiligen Stimmungen und Bedürfnisse. Die Entscheidung für ein gelbes Kleid, ein grünes Hemd oder eine leuchtend rote Krawatte hängen mit unserer Tagesform zusammen, aber auch mit den Zielen, die wir im Laufe des Tages verfolgen werden. Wie bei der Gestaltung unserer privaten und beruflichen Umgebung sollten wir uns unsere geheimen Farbmotive bewusst machen, damit wir Farben gezielt und mit heilender Wirkung einsetzen können. Machen wir uns bewusst, dass die Farben, in denen wir uns kleiden, unseren inneren Zustand reflektieren – oder dass sie uns zeigen, welcher Farbe wir bedürfen, um zu innerer Harmonie und Ausgeglichenheit zu gelangen.

Farben reflektieren unseren inneren Zustand

Von den Farben unserer Kleidung werden wir in starkem Maß beeinflusst, und wir beeinflussen andere durch die von uns getroffene Farbwahl. Es gibt Zeiten, in denen bestimmte Modefarben vorherrschen. Diese wiederum können verantwortlich sein für persönliche und kulturelle Veränderungen. Dennoch sollten Sie aufmerksam das Wechselspiel zwischen Modefarben und Ihren eigenen Vorlieben beobachten und sich keineswegs blind den gerade angesagten Modetrends unterwerfen.

Manchmal lehnt man eine Farbe ab, z. B. wegen der Mode, obwohl man gerade diese Farbe dringend braucht. Hier gilt es zu erlernen, die Farbschwingungen in Ruhe auf sich wirken und den Körper reagieren zu lassen. Mit Hilfe von Farbmeditationen können wir vieles über uns und unsere Farbbedürfnisse erfahren. Eine andere Möglichkeit, sich aus festgefahrenen Beziehungen zu Farbgewohnheiten zu lösen, besteht darin, ihre Schwingungen über ein erweitertes Sinnesspektrum in sich aufzunehmen.

Farbmeditation vermittelt Farbbedürfnisse

Schließen Sie die Augen, und lernen Sie, mit den Händen zwei Farben zu unterscheiden. Durch die unterschiedlichen Schwingungsfrequenzen haben Farben auch eine mit der Haut erfahrbare Qualität. Probieren Sie es aus. Fahren Sie bei geschlossenen Augen mit den Händen dicht über die im Halbkreis ausgebreiteten Farbkarten des Farb-Energie-Sets (siehe S. 115). Erspüren Sie, welche Karten mehr Energie, Wärme, Kribbeln vermitteln als andere. Sie können Ihre Farbsensibilität noch weiter steigern, indem Sie mit den Füßen (barfuß) über die Farben hinweg laufen. Anstatt die Farben über Ihre Körpervorderseite aufzunehmen, können Sie sich einmal auf sie setzen, also mit dem Gesäß oder dem Rücken ihre Schwingungen wahrnehmen.

Farben unterstreichen die Persönlichkeit

Weiße Kleidung gilt als Zeichen des Neubeginns, der Ausrichtung auf Klarheit und Reinheit.

Während der Schwangerschaft helfen *magenta*- und

orangefarbene Kleidung oder Unterwäsche. Orange vitalisiert Mutter und Kind, und Magenta hilft, das ungeborene Leben vor ungünstigen äußeren und medialen Einflüssen zu schützen.

Farben helfen Ihnen bei der Bewältigung Ihres Alltags

Wenn Sie einen Vortrag zu halten haben, sollten Sie sich mit *Türkis*, zum Beispiel einem Halstuch, umgeben, da diese Farbe die Ausdrucksfähigkeit fördert.

Zu einer Gelegenheit, bei der Sie Ihren gesammelten Verstand brauchen, also in einer Prüfungssituation, in einem Vorstellungsgespräch und ähnlichen Situationen konzentrierten Nachdenkens, tragen Sie *Gelb*. Wenn die Situation einen Anzug in gedeckten Farben erfordert, hilft ein gelbes Unterhemd oder ein gelbes Halstuch als Farbtupfer. Lassen Sie Ihr Kind bei einer Schulaufgabe einen gelben Pullover tragen.

Tragen Sie bevorzugt *Blau*, so kann das auf eine entwickelte Fähigkeit und den unbewussten Wunsch zu heilen hinweisen.

Achten Sie darauf, ob viel Dunkelblau wirklich für Sie gut ist und ob eine durch die Farbe bewirkte Verstärkung Ihrer Sensibilität Sie nicht zu sehr belastet.

Falls Sie leicht durch trübes Regenwetter zu bedrücken sind, sollten Sie darauf achten, dass Sie sich mit Farbtupfern den tristen Alltag etwas aufhellen: Tragen Sie helle, leuchtende Farben, ein *orangefarbenes* Tuch, *rote* Regenstiefel oder einen *sonnenblumengelben* Regenmantel.

Bei einem Gefühl der Frische und Jugendlichkeit kann der Wunsch nach *pfirsichfarbener* Kleidung auftreten, die in idealer Weise solche Selbstgefühle reflektiert. Ein kräftiger Pfirsichton ist gleichzeitig heilsam für die Haut, ebenso wie auch *Türkis*. Nach einem Sonnenbrand sollte man ein leichtes Hemd in diesen Farben tragen.

Grün ist eine sehr wichtige Farbe für den Organismus und sollte, wenn man nicht genug natürliches Grün in Wald und Wiese um sich hat, etwa weil man in einem städtischen Viertel ohne Grünflächen lebt, in der Kleidung eine große Rolle spielen. Sind Sie aufgeregt oder von einer unerklärlichen Unruhe ergriffen, leiden Sie unter zu hohem Blutdruck, fühlen Sie sich bedrückt: In diesen Fällen kann Grün, auch in Kombination mit Blau und Türkis, beruhigen. Wenn Sie hingegen in einer ausreichend grünen Umgebung leben, sich täglich im Garten, Park oder Wald aufhalten und zu Trägheit der Chakren neigen, sollten Sie mit der Farbe Grün auf der Haut sparsam umgehen.

Wählen Sie die Farbe Ihrer Kleidung ganz bewusst

Bei notorisch kalten Füßen tragen Sie im Winter *rote* Strümpfe. Rot wärmt besser als jede andere Farbe.

Gegen Husten und Bronchitis empfehle ich einen *lemonfarbenen* Schal um den Hals, der die Schleimlösung und die Reinigung der Bronchien unterstützt. Bei einem trockenen Husten hingegen wirkt ein Halstuch der Farbe *Purpur* lindernd.

Schwarz als Kleidungsfarbe wird häufig von Frauen getragen, die schlanker wirken möchten (»Schwarz macht schlank«). Es gilt aber zu beachten, dass zu viel Schwarz negative Schwingungen und Einflüsse anzieht und zu Lebensverneinung, Chaos und Zerstörung führen kann. Nicht zufällig ist Schwarz die Farbe der Punks.

Ebenso besitzen *Grau* und *Braun* keinerlei positive Schwingungen, wenn sie in der Aura oder in den Chakren eines Menschen vorkommen. Daher gelten sie auch als »schmutzige« Farben. In der Kleidung sollten sie nur sehr sparsam und bewusst eingesetzt sein. Am besten kombiniert man sie mit anderen, helleren Farben. Grau als die neutralste Farbe eignet sich gut zur Kombination mit fast allen anderen Farben und gilt auch als elegante Farbe. Dem Grau wird die Eigenschaft nachgesagt, dass es zur Kräftigung der Urteilsfähigkeit beiträgt. Ein grauer Anzug kann demnach zu gesteigerter Urteilskraft und Kritikfähigkeit verhelfen. Zu viel Grau in Kleidung und Umgebung gefährdet das Selbstwertgefühl und führt zu einer ängstlichen Lebenseinstellung. Braun in der Kleidung deutet auf ein Bedürfnis nach Schutz, Geborgenheit und fester Verankerung hin. Zu viel Braun schränkt die Kreativität ein und hemmt die seelisch-spirituelle Entfaltung.

Farben als Signale

Jede Farbe hat eine Bedeutung

Eine Frau im *knallroten* Kostüm ist auffälliger als eine im grauen Kleid. Sie zieht Aufmerksamkeit auf sich, signalisiert: »Seht her, hier bin ich, und ich bin wichtig.« Ihre Signale differenzieren sich darüber hinaus. Einerseits sendet sie, besonders wenn das Kostüm körperbetont geschnitten und von hohen Schuhen begleitet ist, erotische Impulse aus und vermittelt sexuelle Vitalität. Männer nehmen das Signal auf, dass um diese Frau zu werben verheißungsvoll ist.

Das rote Kostüm kann aber auch eine weitere Bedeutung haben, nämlich Ausdruck von Aggressivität und einem entschlossenen Kampfwillen sein und eine selbstsichere und unnachgiebige Verhandlungspart-

nerin ankündigen. Es kann aber auch bedeuten, dass die Lebenskraft gestärkt werden muss, besonders wenn wir durch negative Strahlen wie Wasseradern und andere geopathische Zonen geschwächt werden. Vielleicht konnte nachts nicht genügend Energie geladen werden, stattdessen mussten wir wegen geopathischer Strahlenbelastung Energie abgeben.
Wenn Sie mit einem aggressiven, reizbaren Menschen zusammenkommen oder zusammenleben, kann es heilend und beruhigend wirken, wenn Sie möglichst viel *Rosa* oder *Hellblau* tragen. Auch auf Säuglinge hat hellblau eine positive Wirkung, was man daran erkennt, dass die Aura der Mutter vor und nach der Geburt häufig eine überwiegend blaue Färbung hat.

Farben tragen zum Wohlbehagen bei

Durch die unbewusste Wahl der Farben, mit denen wir uns umgeben, tragen wir zu unserem Wohlbehagen bei. Leben wir mit einem Partner zusammen, so sollten sich die Farben aufeinander einstellen. Ein Bedürfnis nach hellen leuchtenden Farben muss nicht unbedingt durch eine entsprechende Kleidung befriedigt werden, wenn bereits der Partner diese Farben trägt. Im Zusammenleben müssen die Stimmungen beider Partner bei den jeweiligen Farbentscheidungen in Betracht gezogen werden. Am besten ist es, wenn die Farben sich ergänzen.
Die stärkste Wirkung entfaltet eine Farbe, wenn sie rein und klar auftritt und möglichst nahe an den Körper herankommt. Wenn Sie verschiedene Farben tragen, vermischen sich deren Wirkungen. Beispielsweise ergeben das aggressive Rot und das beruhigende Blau in der Kombination eine neutralisierende

Farbwirkung, die des Purpurs. Aus diesem Grund ist es wichtig, die Farbmischungen in der Kleidung zu beachten: Auch die Wirkungen der einzelnen Farben vermischen sich. Möchten Sie sich nicht zu einseitigen Farbwirkungen Ihrer Garderobe aussetzen, mischen Sie möglichst komplementäre Farben, deren Wirkungen sich gegenseitig neutralisieren, also Grün und Rot, Blau und Rot, Violett und Gelb, Gelb und Blau, Orange und Blau. Übereinander getragene Farben vermischen sich in ihren Wirkungen übrigens auch.

Die Farbwahl beeinflusst unsere Aura

Farben und Farbmischungen unserer Kleider können Harmonien und Disharmonien unserer Aura hervorbringen. Wenn wir uns in Farben kleiden, die eine deutliche Missstimmung erwecken, wenn uns diese Farben absolut nicht stehen, deutet das auf eine gestörte, disharmonische Aura hin. Wir sollten dann die Farben suchen, die zur inneren Harmonisierung gebraucht werden, und uns mit ihnen umgeben. Zusätzliche Heilmaßnahmen, wie Farbmeditationen oder -bestrahlungen, unterstützen uns dabei, wenn wir uns mit den dringend nötigen Farben aufladen wollen.

5 Die Wirkung der Farben

Welchen Einfluss haben Aura- und Chakrafarben auf Emotionen, Psyche und Körper?

Die Aura schwingt in den Frequenzen und Farben der Chakren

Welche Farben wir brauchen, hängt von der Energietätigkeit unserer Kraftzentren ab. Wie in Kapitel 2 dargestellt, sind die Chakren eine Art »Schaltstelle« zwischen höheren geistigen Ebenen und dem materiellen Körper; die Aura hingegen spiegelt den gesamten Lichtkörper wider, den der Mensch darstellt. Chakren und Aura sind miteinander verschränkt, die Aura schwingt in den Frequenzen und Farben, die der Aktivität der Chakren entspricht, und sie bildet sie gleichzeitig in Farbschwingungen ab. Insofern hat die Aura für die Chakren eine Spiegelfunktion, aber auch der umgekehrte Fall trifft zu. Bevor sich Krankheiten im Körper manifestieren, zeigen disharmonisch funktionierende Chakren und eine in ihrer Ganzheit gestörte, zerrissene Aura Fehlfunktionen von Körper und Seele an.
Ein medial begabter und geschulter Mensch kann die Farben der Aura und der Chakren erkennen und aus der entsprechenden Färbung ablesen, an welcher Stelle im Körper Blockaden sind, die die Tätigkeit der Chakren hemmen und deren ursprüngliche Farben verschmutzen. So lassen sich Krankheiten rechtzeitig vermeiden beziehungsweise gezielt behandeln.

Im Idealfall, das heißt, wenn der Mensch in völligem Gleichklang und in Harmonie mit der kosmischen Ordnung ist, braucht er keine Farbe mehr, da seine Aura weiß oder weiß-golden ist. Aber bis dahin ist es ein weiter Weg.

Die Farben der Aura

Die erste Schicht der Aura zeigt die Vitalität, die zweite den Seelenzustand

Wie in Kapitel 2 dargelegt, besteht die Aura aus zwei Schichten. Die erste Schicht, die eng am Körper anliegt, zeigt die Vitalität eines Menschen an, sie strahlt meist weißlich, bläulich und gelegentlich auch in Lavendeltönen. Die zweite Schicht gibt den Seelenzustand eines Menschen an. Hier findet man höchst unterschiedliche, individuelle Farbschattierungen, die in diesem Rahmen nicht umfassend beschrieben und gedeutet werden können. Stattdessen will ich mich mit der Nennung einiger Charakteristika von Aurafarben begnügen.

Grün in der Aura deutet auf Selbstvertrauen, soziale Unabhängigkeit, eine gut entwickelte Fähigkeit zu Problemlösungen, Sensitivität, Anerkennung der schöpferischen Ordnung, innere Harmonie, Fähigkeit zu verzeihen und zum friedlichen Miteinander.

Zu viel Grün in der Aura verweist auf Unsicherheit, Neigung zu Machthunger und Machtmissbrauch, eine Tendenz, andere kontrollieren und manipulieren zu wollen, und den (erpresserischen) Versuch, sich durch Krankheiten Zuwendung und Liebe von anderen Menschen zu verschaffen. Es kann auch Gefühlskälte andeuten, was meistens durch Enttäuschung entstanden ist.

Orange in der Aura bedeutet, dass der Mensch geben und nehmen kann, gefühlvoll ist, Wünsche hegt, zu leidenschaftlicher Liebe und harmonischer Zusammenarbeit mit anderen sowie zu Nachgiebigkeit und Duldsamkeit fähig ist, dass Gesundheit und Familie für diesen Menschen eine wichtige Rolle spielen und er sich mit neuen Ideen auseinander setzt, die zu Bewegung und Veränderung führen.
Zu viel Orange in der Aura zeigt an, dass man zu Trägheit, überzogenen Besitzansprüchen und zum übermäßigen Gebrauch von Genussmitteln neigt.
Gelb in der Aura verweist auf einen starken Willen, auf Autorität und Persönlichkeitskraft, Beherrschung von Gefühlen und Wünschen, strahlende Wärme und Offenheit, Lebensfreude, Selbstkontrolle und Transformation.
Zu viel Gelb heißt, dass man dazu neigt, mehr Aufgaben zu übernehmen, als man leisten kann, und Leistung, Durchsetzungskraft und Anerkennung überzubewerten.
Türkis in der Aura bedeutet Ausdruckskraft und Kreativität in Sprache, Kunst und Kommunikation und ein gutes Zusammenwirken von Wissen und der Fähigkeit, es an andere Menschen weiterzugeben. Ein tiefgehendes und reaktionsschnelles Wahrnehmungsvermögen und die Gabe zur raschen Kombination und schnellen Erfassung komplexer Zusammenhänge ist kennzeichnend für diese Farbe. Türkis bestärkt uns darin, die innere Wahrheit auszudrücken und zu leben.
Zu viel Türkis in der Aura weist unter Umständen auf – mit Arroganz gepaarte – Ignoranz hin, auf Sprach- und Kommunikationsschwierigkeiten sowie eine

Unfähigkeit, Wissenselemente in einen vernünftigen Zusammenhang zu stellen.

Blau in der Aura verweist auf die Fähigkeit, durch eigene geistige Kräfte zu heilen, auf hohe Lebensideale, Ehrlichkeit, die Gabe magischer Kräfte und darauf, dass man auf andere wohltuend und beruhigend wirkt. Hat das Blau seine Homogenität und Klarheit verloren und weist es stattdessen Flecken auf, so wird eine Neigung offenbar, magische Kräfte zur Schau zu stellen.

Indigoblau in der Aura bedeutet tiefes Wissen, Rechtschaffenheit und Ehrlichkeit, Selbstlosigkeit, persönlichen Mut, neutrale Urteilsfähigkeit, magische Kräfte, mediale Fähigkeiten sowie die Fähigkeit, auf andere Menschen heilend zu wirken. Es besteht ein unmittelbarer Zusammenhang dieser Gaben mit der Entwicklung des »dritten Auges«, das heißt des Augenbrauenchakras.

Zu viel Indigo heißt mangelhafte Konzentration auf die irdische Realität, Verlangsamung der Gedankentätigkeit und dass möglicherweise Augenbeschwerden sowie eine Neigung zu Kopfschmerzen und Alpträumen vorhanden sind.

Violett in der Aura deutet auf eine gut entwickelte Spiritualität hin, auf kreative Inspirationen, Verständnis für höhere Bewusstseinsebenen, auf die Fähigkeit, persönliches Leiden für das eigene Schicksal positiv umzuwandeln, und darauf, dass man sein Leben im Einklang mit der kosmischen Ordnung führt. Es besteht aber die Gefahr, dass man nicht mehr »auf dem Boden« bleibt, sondern irrational wird und »abhebt«.

Violett in der Aura ist eine Vorstufe zu Weiß und Gold und zeigt, dass man weit fortgeschritten ist auf dem Weg zu Reinheit und Vollkommenheit.

Rot in der Aura verweist auf eine Betonung materieller Lebensführung, unbedingtes Erfolgsstreben, eine körperlich stabile Gesundheit, eine Neigung zu Reizbarkeit und Übellaunigkeit sowie auf die Fähigkeit, »instinktiv« viel Kraft aus der Erde zu ziehen.
Zu viel Rot heißt, dass man einen hohen Blutdruck, möglicherweise Verspannungen in der Wirbelsäule hat; es verweist auf eine destruktive Lebenshaltung und die Neigung, stark triebhaft zu reagieren, also mit Aggressionen, Brutalität und Gewalttätigkeit.
Scharlachrot in der Aura ist ein Zeichen von Wachstum und findet sich oft bei Kindern und Jugendlichen, wo es auf normale, natürliche Entwicklungskräfte hinweist. Ein Fehlen von Scharlachrot über eine längere Zeit signalisiert bei Heranwachsenden mangelhaft entwickelte Wachstumskräfte. Bei Erwachsenen zeigt Scharlachrot in der Aura aufgestaute oder blockierte Energien an, eventuell Wut, Triebhaftigkeit und starkes sexuelles Verlangen sowie hohen Blutdruck.
Magenta in der Aura bedeutet, dass man mit Energien noch nicht richtig umgehen kann, obwohl man sie für andere einsetzen möchte. Bei Heilern weist Magenta darauf hin, dass sie noch nicht stark genug sind, um als Kanal für höhere Kräfte zu wirken.
Zu viel Magenta ist ein Warnsignal für erschöpfte Energiereserven und einen bevorstehenden Zusammenbruch. Man muss neue Kraft aufnehmen, zum Beispiel durch Meditation in der Natur und Aufnahme von Sonnenlicht.
Purpur in der Aura heißt Nächstenliebe, Gerechtigkeitssinn, mediale Veranlagung und eventuell die Neigung, aufgrund dieser Fähigkeiten eine Sonderstellung zu beanspruchen.

Zu viel Purpur verweist auf Stolz und Eitelkeit.

Rosa in der Aura bedeutet Herzenswärme, selbstlose Nächstenliebe, Opferbereitschaft, Fürsorglichkeit, Mitgefühl, Sanftmütigkeit und Empfindsamkeit für die Schwingungen anderer Menschen. Daher haben diese Menschen häufig Kopfschmerzen, wenn sie sich in größeren Gruppen befinden.

Zu viel Rosa heißt Gefühlsschwärmerei bis hin zur Sentimentalität und eine Neigung, alles durch die »rosa Brille« zu sehen.

Weiß-Gold in der Aura ist meist vermischt mit anderen zarten Pastellfarben. Weiß bedeutet Reinheit, Selbstlosigkeit, Vollkommenheit, und nur Meister höchster Ordnung werden in einer strahlend weißen oder goldenen Aura gesehen. Gold in der Aura bedeutet das Licht der Wahrheit und das Licht vom höheren, göttlichen Bewusstsein.

Lemon in der Aura ist ein Zeichen von Eigensinn und Egoismus. Es herrscht ein Missverhältnis zwischen beherrschendem Verstand und Gefühlen, was zu psychischen Belastungen und Störungen führen kann.

Silber gibt es in der Aura in zweifacher Form: Das hell-irisierende Silberweiß, das über dem Kronenchakra wie eine Krone wirkt, ist ein Zeichen breiter Öffnung für die kosmischen Kräfte. Man sieht es bei spirituell hochentwickelten Menschen. Das dunklere Silber um den Körper bedeutet, dass man dazu neigt, die Wahrheit nicht so anzunehmen, wie sie ist, sondern sie sich für die eigenen Zwecke zurechtzubiegen.

Braun ist als ganzheitliche Ausstrahlung in der Aura sehr selten. Es kommt eher als Flecken auf einer ansonsten andersfarbigen Aura vor. Hellbraun bedeutet Verunreinigung. Hier empfehlen sich zur

Reinigung Ganzkörperbestrahlungen sowie die Farbmeditation mit Violett (siehe S. 27). Hellbraun zeigt, dass man sich durch Anpassung an unpassendes Rollenverhalten verstellt. Körperlich weist es auf Nierenprobleme hin: Man sollte viel klares Quellwasser oder Kräutertees trinken. Dunkelbraun bedeutet Geiz und auf der Körperebene Ausscheidungsprobleme. Es besteht eine Neigung zu Starrheit, das spirituelle Wachstum ist blockiert.

Grau in der Aura deutet hin auf Ängstlichkeit, Furchtsamkeit, mangelhaftes Selbstwertgefühl und fehlenden Mut, an seiner Meinung festzuhalten, wenn diese im Widerspruch zu anderen steht. Grau zeigt außerdem eine Neigung zu Asthma und sorgenbedingten Atemproblemen an.

Schwarz tritt nie flächig in der Aura auf, sondern nur als Flecken. Es zeigt eine Neigung zur Boshaftigkeit an, signalisiert Chaos und Zerstörungswillen, was auf einer innerlichen Lebensverneinung beruht und bedeutet, dass man sich selbst vor dem schöpferischen Licht und der göttlichen Ordnung verbirgt.

Braune, graue und schwarze Flecken in der Aura sind häufig ein Zeichen für Drogen- und Medikamentengifte.

Übungen zum Erfassen der Aura

Aktivierung der natürlichen Sensitivität

Da die Deutung der Aurafarben für die rechtzeitige Heilung und Therapie eines Menschen entscheidend sein kann, möchte ich Ihnen einige Übungen vorstellen, die Ihre natürliche Sensitivität aktivieren und Ihnen helfen, ein Gespür für die Aura eines Menschen zu entwickeln. Lassen Sie sich dabei durch Ihre Sinne lenken. Sie müssen die Aura nicht unbedingt mit den Augen erfassen, Sie können sie auch anders wahrnehmen. Machen Sie Ihre eigenen Erfahrungen.

Übungen für eine oder zwei Personen

1. Halten Sie Ihre Hände in Brusthöhe mit den Handflächen in einem Abstand von fünf bis zehn Zentimetern einander zugewandt – rechte und linke Hand, wenn Sie die Übung allein durchführen, zu zweit jeweils eine Hand eines Partners. Bewegen Sie die Hände langsam aufeinander zu und voneinander weg; sie sollen sich aber nicht berühren. Was spüren Sie, wenn die Hände einander näher kommen? Einen Widerstand, Wärme, Kribbeln? Was spüren Sie, wenn die Hände sich voneinander entfernen? Ein Ziehen? Wie fühlt sich der Zwischenraum zwischen Ihren Händen an? Spüren Sie eine Spannung, haben Sie das Gefühl, einen unsichtbaren Wattebausch zwischen den Händen zu halten? Wie weit können Sie die Hände schließlich voneinander entfernen und gleichzeitig noch den zwischen ihnen bestehenden Energiestrom spüren?
Wenn Sie diesen Widerstand, diese Energie zwischen den Händen bei dieser Übung gespürt haben, sind Sie mit Ihrer Aura, Ihrem Licht- bzw. Energiekörper (oder mit dem Ihres Partners) in Berührung gekommen.

In Berührung mit der Aura

2. Halten Sie eine Hand nach oben, und bewegen Sie den Zeigefinger der anderen Hand in einem Abstand von zwei bis drei Zentimetern über der Mitte der aus-

gestreckten Handfläche. Führen Sie mit dem Zeigefinger langsame Kreis- oder Wellenbewegungen aus. Was spüren Sie zwischen Finger und Handfläche? Ein Kribbeln, Ziehen, Wärme? Wiederholen Sie die Übung mit geschlossenen Augen. Spüren Sie die Energie des Zeigefingers, auch ohne ihn zu sehen? Nun halten Sie beide Hände im Abstand von 20 bis 30 Zentimetern mit den Handflächen zueinander, und nehmen Sie energetischen Kontakt auf. Falls Sie die Übung mit einem Partner machen, kann dieser nun seine Hand zwischen Ihre schieben. Was spüren Sie? Eine Veränderung des Energiefeldes, eine »Störung«, eine Beeinflussung?

Energetischer Kontakt

3. Diese Übung sollten Sie erst machen, wenn Sie bereits gelernt haben, mit Ihren Händen Energiefelder zu fühlen. Nun üben Sie, bei sich oder einem Partner Auraschichten zu erspüren.

Das Erspüren von Auraschichten

Entspannen Sie sich, atmen Sie tief durch, und lassen Sie beim Ausatmen alles Belastende und Negative aus sich herausströmen. Dann halten Sie eine Hand in einem Abstand von fünf bis zehn Zentimetern über eine flache Hautzone, beispielsweise den Solarplexus oder das Brustbein. Was spüren Sie? Nun verringern Sie den Abstand, bis Sie einen Widerstand über der Haut bemerken. Wie weit reicht dieser Widerstand? Wie fühlt er sich an? Welche Gefühle löst er in Ihnen aus? Vergrößern Sie anschließend den Abstand auf mindestens 20 Zentimeter und entfernen Sie allmählich die Hand, wobei Sie die Handfläche immer noch der betreffenden Hautzone zuwenden. Wann reißt der Energiekontakt ab? Wie groß ist dort die Entfernung zwischen Hand und Haut? Wie hat sich die letzte Strahlung, bevor der Kontakt abriss, angefühlt?

Übung für mehrere Personen

Setzen Sie sich in einen Kreis, fassen Sie sich an den Händen und schließen Sie die Augen. Stellen Sie sich vor, wie Ihre Aura nach rechts und links zu den anderen Menschen Energie abgibt, und strahlen Sie gleichzeitig über den Solarplexus oder das Herzchakra Auraenergie in die Mitte des Kreises aus. Was spüren Sie? Ein leichtes Prickeln, etwas Fließendes, vergleichbar mit schwachem elektrischem Strom? Fließt die Energie in eine bestimmte Richtung? Nun lassen Sie gemeinsam die Energie eine Zeit lang im Uhrzeigersinn fließen, anschließend ändern Sie die Richtung. Welche Richtung war Ihnen angenehmer? Wann war der Energiefluss intensiver? Haben Sie dabei innere Erfahrungen mit Licht, Farben, Formen, Gestalten gemacht? Sprechen Sie miteinander über diese Erfahrungen.

Das Wahrnehmen von Energie

Übungen für zwei Personen

1. Setzen Sie sich einander gegenüber, und legen Sie Ihre Hände über die Ihres Partners. Lassen Sie bei geschlossenen Augen bewusst Energien zwischen sich fließen, und spüren Sie der Richtung dieser unbeeinflussten Energien nach. Nun kontrollieren Sie diese Energien: Schicken Sie beide diese Energien zunächst über die Hände der einen Seite, dann über die der anderen Seite. Spüren Sie Unterschiede? Strahlen Sie dann Energien über beide Hände ab. Was spüren Sie? Stoppen Sie beide gleichzeitig den Energiefluss. Wie fühlt sich das an? Nun nehmen Sie gleichzeitig über

Das Kontrollieren des Energieflusses

Ihre Hände Energien auf. Welche Erfahrungen machen Sie nun? Tauschen Sie Ihre Erfahrungen anschließend aus. Sie können die Übung oder einzelne Abschnitte daraus nun wiederholen.

2. Diese Übung baut auf der 3. Übung für eine oder zwei Personen auf und führt dahin, die Aura eines Menschen in ihrer Gesamtheit wahrzunehmen. Sie sollte nicht bei hellem Tageslicht durchgeführt werden. Morgen- oder Abenddämmerung oder ein leicht abgedunkeltes Zimmer mit weißer Wand sind eine günstige Voraussetzung zum Erkennen der Aura.

Das Wahrnehmen eines Energiefeldes

Halten Sie Ihre Hände mit ausgespreizten Fingern in Armlänge von sich entfernt. Schauen Sie wie absichtslos mit ganz entspannten Augen zwischen den gespreizten Fingern hindurch. Was erfahren Sie nach einer Weile? Ein Flimmern um die Finger herum, Luftbewegungen, Luftverfärbungen, feine Nebelschleier? Wenn Sie nun die Finger ganz behutsam bewegen, verändert sich dann das »Energiefeld« um die Finger herum? Gibt es Verfärbungen der Luft?

Nun stellt sich Ihr Partner in einer Entfernung von fünf bis zehn Metern entweder vor eine weiße Wand oder im Freien vor den Horizont eines dämmrigen Himmels. Sie blicken wiederum entspannt auf den Partner, ohne ihn zu fixieren. Eher geht Ihr Blick an ihm vorbei, über ihn hinaus. Allmählich nehmen Sie um den Körper des Partners eine »Energie-Emanation« wahr, eine Art der Strahlung, die sich Ihnen allmählich als ganzheitliches Aurafeld erschließt. Diese Wahrnehmung funktioniert aber nur, wenn Sie nicht wirklich auf den Partner schauen, sondern eher aus dem Augenwinkel und völlig absichtslos sich auf die Konturen einlassen.

Die Erfahrungen, die man bei diesen ersten Übungen macht, sind recht vielfältig und umfassen, je nach Sensitivität, das Erspüren von Energieflüssen, -wirbeln, -wellen, die in unterschiedlicher Intensität und in unterschiedlichem Rhythmus auftreten können. Medizinische Kenntnisse vorausgesetzt ist es bei großer Empfindsamkeit möglich, dass man Krankheitsherde und anderes in der Aura eines Menschen abtasten kann. Eine solche Fähigkeit bedeutet eine große Verantwortung, die manchmal sehr belastend ist. Hier kann man sich mit Grün schützen und stärken.

Das Abtasten der Aura

Wenn man noch keine großen Erfahrungen mit dem Aura-Sehen hat, kann es sein, dass die wahrgenommenen Farben nicht unbedingt identisch mit den Aurafarben sind. Bedenken Sie auch, dass sich beim energetischen Kontakt zwischen Menschen deren Aurakräfte vermischen. Unwillkürlich nehmen Sie fremde Energien in Ihren Licht- und, vor allem, in Ihren Emotionalkörper auf, oder Sie geben eigene Energien an andere ab. Energie fließt eher von einem Menschen mit einer »höher« entwickelten Aura zu jemandem mit einer noch nicht so entwickelten Aura.

Es kann auch vorkommen, dass der stärkere Mensch dem schwächeren seine Aurafarben aufzwingen, ihn beherrschen will. Wenn Sie sich in der Gegenwart eines bestimmten Menschen immer deprimiert fühlen, werden Sie wahrscheinlich von ihm in einer negativen Weise dominiert. Meiden Sie diesen Kontakt, denn ein spirituell weit entwickelter Mensch drängt anderen nicht seine Farben auf, sondern hilft den Mitmenschen, ihre Aura zu stärken.

Wenn Sie bemerken, dass Sie Energie verlieren, sollten Sie sich durch Beendigung der Fühlungnahme oder mittels Farbbestrahlung schützen: Grün auf das Scheitelchakra und den Solarplexus, Rosa auf das Herzchakra, Türkis auf das Kehlkopfchakra. Auch ist nach einer Aura-Fühlung unbedingt zu empfehlen, Gesicht, Hände, Nacken und Schläfen mit kühlem Wasser zu waschen oder ein warmes Vollbad mit Apfelessig und/oder grobem Meersalz zu nehmen.

Gehören Sie zu den sensitiven Menschen, die leicht empfänglich für die Energieabstrahlungen anderer Menschen sind, so sollten Sie, um energetisch nicht völlig ausgelaugt zu werden, größere Menschenmengen meiden, also auf einen Kaufhaus-, Disco-, Partybesuch und ähnliches verzichten. Falls Sie einmal in eine Ansammlung vieler Menschen geraten, erden Sie sich immer wieder, und halten Sie keine Energien fest, sondern lassen Sie sie durch sich wie durch einen Kanal hindurch strahlen.

Die Stärken und positiven Seiten nutzen

Gleichzeitig sollten Sie aber auch die Stärken und positiven Seiten Ihrer Begabung nutzen. Nehmen Sie Anteil an Ihrer Umwelt, schauen Sie sich Ihre Mitmenschen, Ihre Bekannten und Freunde, genauer an. Sie werden eine Ahnung davon bekommen, was in ihnen vorgeht, wie sie sich fühlen. Durch Ihre mitfühlende Anteilnahme können Sie Ihren Mitmenschen auf diskrete und gleichsam gezielte Weise eine Hilfe im Alltagsleben sein.

Die Farben der Chakren

Über die Farben der einzelnen Chakren bestehen unterschiedliche Vorstellungen. In dem berühmten Buch *Die Chakras* von C.W. Leadbeater aus dem

Jahre 1927 heißt es, Chakren seien vielfarbige Energiewirbel, wobei in den einzelnen Chakren bestimmte Farben dominieren. Im Gegensatz dazu stellt Lea Sanders in ihrem 1991 erschienenen Buch *Die Farben Deiner Aura* die Chakren als Farbwirbel dar, die nicht bunt sind, sondern eine vorherrschende Farbe haben. Desgleichen ist die Zuordnung von Farben zu den einzelnen Chakren uneinheitlich.

Auch was die Bewegungsrichtungen der sich wie Wagenräder drehenden Chakren betrifft, herrscht keine Einheitlichkeit. Meiner Meinung nach sollte man die Unterscheidung zwischen »positiver« und »negativer« Drehrichtung ersetzen durch eine ihre Funktionen beschreibende Unterscheidung. Chakraenergien, die sich (von vorne betrachtet) im Uhrzeigersinn drehen, nehmen kosmische Energien auf, die sie an Körper, Geist und Seele weitergeben. Solche Energien sind auf das irdische Leben ausgerichtet. Anders ist es, wenn die Chakren sich gegen den Uhrzeigersinn bewegen. Diese Bewegung dient häufig zur Konzentration des Bewusstseins auf nichtirdische Dimensionen. In der Praxis stellte ich oft fest, dass in diesem Fall ein Wirbel der Wirbelsäule verschoben war.

Die Aufnahme von kosmischen Energien

Meiner Erfahrung nach stellen die Chakren so etwas wie Wagenräder dar, deren Speichen Blütenblätter sind, die – bei allerdings einheitlicher Grundfarbe – leichte Farbänderungen aufweisen können. In das Zentrum dieser Räder strömt kosmische Energie, die durch die Blütenblätter so transformiert wird, dass sie dem Menschen auf verschiedenen Ebenen verfügbar wird. Je schneller sich ein Chakra dreht, desto ungehemmter und schneller fließt die Energie.

Die Energien steigen von unten nach oben. Die Wagenräder stehen miteinander wie bei einer Verzahnung in Verbindung. Wenn sich das untere Chakra heftig dreht, gibt es dem nächsthöheren von seiner Bewegungsenergie ab, die wiederum nach oben weitergeleitet wird. Ist hingegen ein Chakra blockiert, werden auch die oberen Chakren vom Energiefluss abgeschnitten.

Gesundheit bedeutet, dass alle Teile funktionieren

Gesundheit für den ganzen Körper bedeutet, dass alle seine Teile funktionieren. Bei überwiegend sitzender Tätigkeit, die heutzutage in den meisten Berufen vorherrscht, ist es besonders wichtig, sich um Ausgleich der Chakraträgheit gerade der unteren Chakren zu bemühen.

Die Chakren von »höher« entwickelten Menschen sind in der Regel lichter. Diese Menschen führen ein liebevolles Leben, sind gütig, religiös, oder sie meditieren. Positive Handlungen, Gefühle und Gedanken ziehen positive Schwingungen nach sich, was zu frischen Farben und Helligkeit im Chakra und zu guter Gesundheit führt. Umgekehrt beschmutzen und verlangsamen negative Frequenzen die Chakrafarben und -energien. Wir sind somit zu einem großen Teil für unsere körperliche und seelische Gesundheit sowie die Entwicklung unseres Bewusstseins selbst verantwortlich.

Was bedeutet es für unseren Körper und unsere Seele, wenn die Chakren nicht in ihrer natürlichen Harmoniefarbe erstrahlen, sondern eine Verfärbung aufweisen?

Rotes Basis- oder Wurzelchakra

Zum Basischakra, Sitz unserer Vitalität, gehören die Wirbelsäule und der Blasenbereich. Normalerweise

ist das erste Chakra rot. Es kann bei ausreichendem Lebens- und Überlebenswillen glutrot, tiefrot, scharlachrot oder ähnlich leuchten.
Bei bräunlicher oder schwärzlicher Verfärbung des ursprünglichen Rottones setzt der Mensch auf brutale und kaltblütige Weise seinen Willen zum Schaden - bis hin zum Tod anderer Menschen ein.
Ist das Basischakra hellrot, deutet das auf einen geschwächten (Über-)Lebenswillen des Menschen hin, der sich zu wenig für sein irdisches Leben interessiert.
Die seltene Überfunktion des Wurzelchakras wird mit einer Bestrahlung der Heilfarben Türkis, Blau und Grün behandelt, die Unterfunktion mit Tiefrot (= Scharlachrot und Magenta). Bestrahlt wird am unteren Teil der Wirbelsäule, auf Kreuz- und Steißbein.

Orangerotes Sexualchakra

Das Sexualchakra steuert die Keimdrüsen, die Geschlechts-, Ausscheidungs- und Reinigungsorgane wie Darm und Nieren. Es hat somit einen ätherischen Einfluss auf die schöpferischen, regenerativen, kreativen und reproduktiven Kräfte eines Menschen. Seine Harmoniefarbe ist Orange- oder Zinnoberrot. Beim Geschlechtsakt beschleunigen sich die Schwingungen des Sexualchakras auf natürliche Weise. Öffnen sich dabei alle Chakren, so dass die sexuellen Energien bis in unseren Scheitel steigen, erleben wir Sexualität auf einer spirituellen Ebene.

Ist das Sexualchakra dunkelrot bis bräunlich verfärbt, deutet das auf Missbrauch der schöpferischen Kräfte eines Menschen hin, der sich zu stark von seiner Instinkt- und Triebhaftigkeit bestimmen lässt. Bei einem nur schwach orange, gelblich oder gar bläulich verfärbten Sexualzentrum ist die Verbindung zu den lebensbejahenden, sinnlichen Kräften abgerissen. Auf körperlicher Ebene können auch Probleme mit der Gebärmutter, Blase oder den Geschlechtsorganen vorliegen. Grün im Sexualzentrum ist ein Anzeichen dafür, dass man in einer Sexualbeziehung mit ganzem Herzen ist - ein Treuebruch kommt dann nicht in Frage. Violett zeigt hier an, dass man nur kultivierte Geschlechtlichkeit genießen kann und Obszönität verabscheut.

Bei Überfunktion bestrahlt man mit Indigoblau vorn und mit Magenta hinten, bei Unterfunktion mit Orange und Magenta vorn und mit Magenta hinten. Bestrahlt wird vorn in der Mitte der Schamhaargrenze und hinten am Kreuzbein genau gegenüber dem Punkt vorn.

Grünes Harazentrum

Beim Harazentrum, dessen Harmoniefarbe Grün ist, handelt es sich nicht um ein klassisches Chakra, sondern um eine Art inneren Kräfteschwerpunkt im Menschen. Durch bewusste Atmung aus dem Zentrum heraus kann man sich darin verankern und somit über stärkere Energien verfügen.

Bei Unterfunktion hilft Orange oder - wenn seelische Disharmonie der Grund dafür ist - Magenta.

Violettes Milzzentrum

Die Aufgabe des Milzchakras besteht in der Sammlung und Verteilung von Sonnenenergie. Die Aufgabe der Milz besteht in der Entsorgung alter roter Blutkörperchen. Wenn die Harmoniefarbe Violett des Milzchakras verschmutzt wirkt, bedeutet dies, dass der Organismus durch Giftstoffe, Drogen, Medikamente oder auch geopathische beziehungsweise magnetische Störungen belastet ist, dass mediale Kräfte missbraucht werden oder eine magische Beeinflussung auf den Menschen wirkt.
Zur Stimulierung dient Violett, zur Dämpfung Gelb.

Gelbes Nabelchakra

Das Nabelchakra, auch »Sonnengeflecht« oder »Solarplexus« genannt, umfasst den Bereich zwischen Brust und Lenden und die Zone über dem Bauchnabel. Es ist verantwortlich für Magen, Leber, Galle, die Bauchspeicheldrüse und Nebennieren sowie unser Nervensystem. Das Nabelchakra, dessen Harmoniefarbe Gelb ist, gilt als Sitz des Ego. Zwischen dem Herzchakra und dem Sexualchakra gelegen, vermittelt es zwischen beiden Zentren.
Orange oder Rot im Nabelchakra ist ein Zeichen für rücksichtslosen Egoismus und zu starke Bestimmtheit durch niedere Triebe. Auch kann es auf falsche Ernährung oder einen durch Giftstoffe belasteten Organismus hinweisen. Grau im gelben Bereich zeigt an, dass der Mensch große Sorgen hat; Braun bedeutet, dass eine körperliche wie psychische Reinigung

dringend erforderlich ist; Blau weist auf eine starke emotionale Distanzierung vom Alltagsleben hin, während Grün im intellektuellen Zentrum Warmherzigkeit und Großzügigkeit anzeigt und Indigo kühle Unvoreingenommenheit. Violett zeigt hier die Gabe an, Schönheit auch mit dem Verstand genießen zu können – es findet sich zum Beispiel bei formbewussten Künstlern.
Bei Überfunktion wird mit Grün, bei Unterfunktion mit Gelb, Orange oder Rot auf Magen, Leber und Bauchspeicheldrüse bestrahlt.

Grünes oder rosafarbenes Herzchakra

Das Herzchakra sitzt in Höhe des vierten und fünften Brustwirbels in der Mitte des Brustraums – nicht links über dem Herzen. Es ist der Sitz der Seele, der selbstlosen Liebe und des Wunsches nach Verschmelzung mit der Schöpfung.
Eine »falsche« Färbung des Herzchakras ist nicht möglich. Seine Harmoniefarben, Grün und Rosa, können bei Menschen, die für diese Ebene noch nicht offen sind, höchstens etwas schwächer ausgebildet sein. Grün herrscht vor in warmherzigen, humanistisch denkenden Menschen, die ein starkes Vertrauen in das Leben haben, Rosa in Menschen, deren Nächstenliebe und Mitgefühl für andere mit frommen Idealen verbunden sind.
Bei Überfunktion sind Blau-, Grün- bzw. Türkisbestrahlungen Hilfen zur »Erdung« von Sentimentalitäten; bei Unterfunktion hilft Magenta. Man strahlt auf die Mitte des Brustbeins.

Lemonfarbenes Thymuszentrum

Zumeist wird das Thymuszentrum einem der beiden angrenzenden Chakren zugezählt. Ich halte es aber für so wichtig, dass ich ihm und der dazugehörigen Thymusdrüse einen eigenen Platz einräumen will. Diese Drüse steuert unser Wachstum im Kindes- und Jugendalter. Das Thymuszentrum – Harmoniefarbe Lemon – steht im Zusammenhang mit dem Selbstbewusstsein, unseren Möglichkeiten, die im Herzzentrum entwickelten Gefühle auszudrücken, und mit unserem Immunsystem. Die Thymusdrüse steht für die Erhaltung der geistigen Jugend, denn ohne sie kann der Körper nicht jung bleiben.
Bei Unterfunktion bestrahlt man die Zone zwischen Herz- und Kehlkopfchakra mit Lemon.

Türkisfarbenes Kehlkopfchakra

Das Kehlkopfchakra umfasst den Hals- und Speiseröhrenbereich mit Stimmbändern und Schilddrüse. Seine Harmoniefarbe ist Türkis, manchmal wird ihm auch (Hell)blau als Farbe zugeordnet. Es ist der Sitz der Kommunikationsfähigkeit und des schöpferischen Selbstausdrucks, aber auch der Muße.
Bei Menschen, die viel schweigen, sammelt sich Weiß in dieser Region an, während ständiges Jammern und Klagen die Farben abstumpft und die Schilddrüse schwächt. Die Art, wie wir uns ausdrücken, hat starken Einfluss auf das Kehlkopfzentrum. So kann es zu einer farblichen Verhärtung führen, wenn wir immer wieder das Gleiche sagen, hingegen

lässt ein herzliches Lächeln dieses Chakra – wie die meisten anderen Zentren – geradezu aufleuchten. Violett in diesem Zentrum deutet auf eine besondere Sprachbegabung hin.
Bei Überfunktion, das heißt bei beschleunigten Stoffwechsel-, Bewegungs- und Sprachäußerungen, heilt Indigoblau, bei Unterfunktion Orange. Bestrahlt werden die Kehlkopfzone und die Schilddrüse.

Blaue Handzentren

Die Energiezentren in den Handinnenflächen werden nur im Osten als wichtige Nebenchakren anerkannt. Über sie kann man Heilenergien sammeln, aussenden und aufnehmen. Harmoniefarbe ist idealerweise ein irisierendes Licht, in dem alle Farben enthalten sind, ansonsten Blau. Enthalten die Handchakren einen rötlichen Ton, deutet das auf Egoismus hin, bei Blau auf ungehinderten Strom von Heilkräften durch die Hände, bei »schmutzigem« Blau auf ein Prahlen mit den Heilkräften oder ihren Missbrauch.
Weiß und Magenta regen die Handzentren an. Bei Überempfindlichkeit gegenüber äußeren Einflüssen strahlt man Indigoblau und Grün auf die Mitte der Handinnenflächen.

Indigoblaues Augenchakra

Das Augenchakra, auch »Augenbrauenchakra«, »Einzelauge« oder »Drittes Auge« genannt, gilt vielfach als »Sitz der Seele«, auch als Tor, durch das die Seele den Körper – bei der Meditation wie auch beim Tode – verlassen kann. Dieses Energiezentrum steht in Verbindung mit der Hypophyse, der Hauptsteuerungsdrüse für unser gesamtes »endokrines Drüsensystem«. Das dritte Auge ermöglicht uns, auch mit geschlossenen (physischen) Augen seelisch zu sehen. Die Harmoniefarbe ist Indigoblau, das, ähnlich wie beim Herzchakra, nicht von anderen Farben überlagert werden kann. Einzig die Intensität seiner Ausstrahlung kann variieren, stärker oder schwächer sein. Das dritte Auge verhilft uns zu innerer und äußerer Bewusstheit und weist uns den Weg zu wahrer Erkenntnis.

Zur Stimulierung dieses Zentrums bestrahlt man das dritte Auge mit Indigoblau, zur Anregung der Hypophysentätigkeit nimmt man Grün; will man eine Überfunktion regulieren, die sich etwa im Verlust von Diesseitsbezug manifestiert, so strahlt man mit Orange.

Scheitelzentrum mit Heiligenschein

Das Scheitelzentrum wird auch »Kronenchakra« oder »Tausendblättriger Lotos« genannt. Im Indischen wird es gar nicht als Chakra gesehen, sondern als Übergang in astrale und feinstoffliche Bereiche. Im Unterschied zum Augenchakra kann man über das Scheitelzentrum den Körper nicht willentlich verlassen, sondern nur Kräfte aufnehmen.

Zur Unterstützung der Öffnung nach oben eignen sich Violett, Weiß, Gold oder Magenta. Man strahlt oben auf die Mitte des Kopfes.

Die sieben Stufen der Chakraentwicklung

Die Menschen erfahren sich unterschiedlich stark auf den verschiedenen Chakraebenen. Das Chakra, in dem man sich am intensivsten spürt, entspricht dem jeweiligen Entwicklungsstand. Es ist die karmische Aufgabe eines jeden Menschen, sich weiterzuentwickeln und nach Vervollkommnung zu streben. Dies geschieht in aufstrebender Abfolge der Chakren, beim ersten Chakra, dem Wurzelzentrum, beginnend und im idealen Fall beim siebten Chakra, dem Scheitelzentrum, endend.

Das Streben nach Vervollkommnung

Von der niedrigsten bis zur höchsten Stufe ist es ein langer Weg, den man kaum in einem einzigen Leben zurücklegen kann. Besonders zum Überwinden der niedrigen Chakren bedarf es der Reinkarnation. Von einer mittleren Stufe aus kann man sich im Laufe eines einzigen Menschenlebens bis zur nächsthöheren entwickeln.

Erstes Chakra – Wurzelzentrum: Rot

Der Mensch, der noch überwiegend auf dieser Stufe lebt, ist ein eher unbewusstes Wesen, das einem blinden Sexualtrieb und ungesteuertem Entladungsdrang folgt. Der Partner ist reines Sexualobjekt. Menschen auf dieser Stufe sind nicht in der Lage, ihr Leben zu gestalten. Es sind Getriebene, die sich hilflos ihrem Schicksal ergeben, ohne jegliche Möglichkeit, durch bewusstes Handeln darin einzugreifen.

Zweites Chakra – Sexualzentrum: Orange

Auf dieser Ebene entwickelt sich ein erstes Bewusstwerden der eigenen Person und seiner Möglichkeiten und Grenzen. Man könnte hier auch von einem Prozess geistigen Erwachens sprechen. Der Sexualpartner ist nicht mehr beliebig, sondern wird nach körperlicher Übereinstimmung gewählt. Zum Beispiel würden Männer, die große Busen mögen, sich eine entsprechende Partnerin wählen, dabei allerdings auf andere Kriterien als die Beschaffenheit des Busens keinen Wert legen.

Drittes Chakra – Nabelzentrum: Grün

Menschen dieser Entwicklungsstufe interessieren sich für ihr Gefühlsleben. Sie sind bestrebt, in ihrem Leben in allen Bereichen gefühlsmäßige Übereinstimmung zu erreichen, also eine die Gefühle befriedigende Arbeit zu finden und mit einem Partner, der emotional, seelisch und auch körperlich zu ihnen passt, ein harmonisches Verhältnis aufzubauen. Solche Menschen haben starke Sehnsucht nach einem erfüllten Familienleben.

Viertes Chakra – Herzzentrum: Rosa

Hier konzentriert sich die Bewusstwerdung auf die mentale Ebene. Die Menschen dieser Stufe empfinden einen starken Wissensdurst. Es drängt sie dazu, zu studieren, sich mit geistigen Dingen zu beschäftigen und letztlich einen geistig fordernden Beruf auszuüben. Der Partner dieser Menschen wird sorgfältig gewählt und soll in jeder Hinsicht zu ihnen passen. Er soll intelligent und verständnisvoll sein, und nur eine Heirat aus Liebesgründen kommt in Frage.

Fünftes Chakra – Kehlkopfzentrum: Türkis

Bei Menschen, die in ihrer Entwicklung diese Stufe erreicht haben, erwachen magische und suggestive Kräfte.

Sie sind kreativ und gehen entsprechend schöpferischen Tätigkeiten nach. Auf ihre Mitmenschen üben sie eine überlegene und suggestive Wirkung aus, der man sich kaum entziehen kann. Charakterlich sind sie durch Selbstbeherrschung geprägt. Sie gestalten aktiv ihr Leben nach ihren Vorstellungen, wobei sie sich eine souveräne Unabhängigkeit von bürgerlichen Konventionen bewahren können. Gleichwohl führen sie aus innerem Drang ein an hohen moralischen Anforderungen orientiertes Leben, in dem sie die Übereinstimmung von inneren und göttlichen Gewissensgesetzen anstreben.

Die Menschen dieses Entwicklungsstandes suchen die harmonische Verbindung zwischen ihrem hoch entwickelten Bewusstsein und den in ihrem Unterbewusstsein schlummernden Kräften. Sie streben nach Ganzheitlichkeit auf hohem Niveau. Der Liebespartner soll diesem Niveau entsprechen und zu ihnen in geistig-intellektueller, seelisch-moralischer und körperlicher Hinsicht passen.

Sechstes Chakra – Drittes Auge: Indigoblau

Auf dieser Stufe haben die Menschen ein genaues Bewusstsein von ihrem Selbst, sowohl ihrer mentalen als auch der unterbewussten Kräfte. Sie widmen sich der Konzentration auf spirituelle Bereiche. Häufig leben diese Menschen in der Meditation und auf der Suche nach Übereinstimmung mit der göttlichen Kraft. Sie verfügen über besonders stark ausgeprägte seherische Fähigkeiten.

Siebtes Chakra – Scheitelzentrum: Violett, Magenta

Für Menschen, die diese Stufe höchster menschlicher Vollkommenheit erreicht haben, haben sich neue Dimensionen geöffnet. In ihnen vollzieht sich eine Verbindung zwischen dem irdischmenschlichen Bereich und der geistigen Wirklichkeit.

Übungen zum Erkennen der Chakren

Der Aufbau der Sensibilisierung

Ihre Sensibilisierung baut sich in mehreren Stufen aufeinander auf. Sie beginnt damit, dass Sie die Fühligkeit Ihrer Hände entdecken, indem Sie zunächst einmal bei geschlossenen Augen Schwingungsqualitäten einzelner Farben unterscheiden lernen. Legen Sie die Farbkarten (siehe Anhang) vor sich hin, fahren Sie mit den Händen darüber. Fangen Sie mit einigen ausgewählten Farben an, zum Beispiel den warmen Farben Rot, Orange und Gelb sowie den kalten Farben Türkis, Blau und Violett.

Merken Sie einen Temperaturunterschied in den Händen?

In einem zweiten Schritt versuchen Sie, die Farben selbst zu erfassen. Wieder ist es leichter, nicht mit allen zwölf Farben, sondern mit einer kleinen Auswahl zu beginnen: Rot, Orange, Gelb, Grün, Blau oder Indigo, Magenta. Erweitern Sie Ihre Farberkennungsfähigkeiten allmählich.

Das Erweitern der Farberkennungsfähigkeiten

Nun begeben Sie sich daran, die Chakren zu erspüren. Machen Sie diese Übung mit einem Partner, da man leichter etwas an einem anderen Menschen als an sich selbst feststellen kann. Vor der Übung entspannen Sie sich; atmen Sie tief ein und vor allem aus. Meditieren Sie möglichst mit geschlossenen Augen. Dann führen Sie die folgende Übung mehrmals mit unterschiedlicher Zielsetzung aus, wobei der aktive Partner steht, der passive sitzt:

Der stehende Partner hält seine Hände mit den Handflächen zum Körper des sitzenden, drei bis fünf Zentimeter entfernt

- zuerst vor den Solarplexus, oberhalb des Bauchnabels;
- dann vor die Mitte des Brustraums, am Herzchakra;
- danach vor das Kehlkopfchakra;
- schließlich vor das dritte Auge;
- und endlich über das Scheitelzentrum

Diese Übung führen Sie dreimal hintereinander durch. Beim ersten Mal geht es nur darum, ob der aktive Partner überhaupt etwas spürt.

Beim zweiten Durchgang ruft sich der passive Partner ein zurückliegendes, aufwühlend negatives

Erlebnis heftig in Erinnerung. Währenddessen versucht der aktive Partner einen Unterschied bei der Wahrnehmung von Energien im Vergleich zum ersten Abtasten festzustellen.
Gleiches gilt für die zum dritten Mal durchgeführte Übung, wo der sitzende Partner sich diesmal auf ein beglückendes Erlebnis einstimmt, das er als positive Schwingungen über die Chakren seinem Partner mitzuteilen versucht.
Was haben Sie empfunden? Kribbeln, Wärme, elektrische Ströme, Energiewirbel, magnetisch anziehende oder abstoßende Kräfte? Manche Menschen »sehen« mit den Händen sogar Licht und Farben.

Manche Menschen sehen mit den Händen

Nach jeder der drei Übungen sprechen die Partner über ihre Erfahrungen. Interessant ist auch ein anschließender Rollentausch.

Beim abschließenden Experiment geht es darum, Chakrafarben richtig zu sehen. In den vorangehenden Übungen ist den Partnern klar geworden, bei welchen Chakren Energie am deutlichsten fühlbar wurde. Sie sollten sich nun auf diese Bereiche konzentrieren.
Ein Partner sitzt in einem Abstand von ein bis zwei Metern im Profil vor einer weißen Wand. Das Licht sollte abgedunkelt sein. Der sitzende Partner versenkt sich mit geschlossenen Augen in ein intensives unangenehmes oder schönes Erlebnis. Der andere Partner schaut auf die Wand hinter dem Sitzenden, nicht direkt auf dessen Profil. Was sehen Sie in der Luft vor der Wand? Luftschlieren wie in großer Hitze, Nebelschwaden, Wolken, eine leichte Tönung der Wand an einer bestimmten Stelle?

Diese Übung ist von allen die schwierigste, und Sie sollten nicht ungeduldig werden, wenn es Ihnen nicht gelingt, eine Verfärbung zu erkennen oder gar verschiedenfarbige, deutlich voneinander unterscheidbare Chakren zu sehen. Im Gegenteil: Sie sollten Geduld haben, immer wieder Sensibilisierungsübungen durchführen und sich dankbar über die Wahrnehmung subtiler Schwingungen freuen.

Die Wahrnehmung subtiler Schwingungen

Energielecks

Kennen Sie das Gefühl, matt, kraftlos, regelrecht ausgelaugt zu sein, ohne dass ein ersichtlicher psychosomatischer Grund vorliegt? Sie gehen durchs Leben, als laste eine düstere graue Wolke über Ihnen, und dieses Lebensgefühl will gar nicht mehr weggehen.
In solchen Fällen verlieren Sie Energie. Ihre Aura ist gestört, weist ein »Leck« auf, durch das Ihre Energien verloren gehen. Die Gründe hierfür können sehr unterschiedlich sein. Häufig handelt es sich um geopathische oder elektromagnetische Störungen, vielleicht schlafen oder arbeiten Sie auf einem solchen Feld. Ein erfahrener Rutengänger kann Ihnen helfen, derartige Störzonen ausfindig zu machen. Stärken Sie sich mit Türkisbestrahlung auf das Kehlkopfchakra.
Ein weiterer Grund kann im Missbrauch medialer Fähigkeiten sowie im Drogen- und Genussmittelmissbrauch liegen; oder negative magische Kräfte anderer Menschen bedrohen Sie. In diesem Fall hilft die Bestrahlung mit Grün auf den Scheitel und den Solarplexus.

Die Züricher Heilerin Emma Zoller schlägt vor, wie man mit Hilfe eines Partners solche »Energielecks« einfach schließen kann:

Das Schließen von Energiezentren

Die einzelnen Energiezentren werden separat geschlossen, indem man mit den Händen, mit dem Körper zugewandten Handflächen, in der Aura über die entsprechenden Körpergegenden streicht. So glättet man zunächst die Aura.

Sodann fährt man von der Magengegend nach oben über den Kopf und Scheitel bis zum Genick. Dann schließt man den Solarplexus, indem man mit der rechten Hand über den Bauch nach oben, mit der linken Hand an der linken Körperseite entlang nach oben streicht. Hierbei hat man Hautkontakt.

Beim Schließen des Herzchakras legt man die rechte Hand auf das Herz und streicht langsam zum Schultergelenk und dann den Arm entlang bis hinunter zu den Fingern. Das ist übrigens auch eine gute Übung bei Atem- und Herzbeschwerden.

Schließlich wird das Basischakra geschlossen, indem man beide Hände nebeneinander mit den Handflächen auf die Steißbeingegend legt und langsam über das Becken hinauf zu den Hüften streicht.

Abschließend empfiehlt die Heilerin, sich mit einem Schutzkreis zu versehen, den man imaginiert: Man legt gedanklich die linke Hand in die rechte, und zwar in die Erde unter die Füße.

Farben und Lebensalter

Farbe ist nicht statisch. Sie fließt und verändert sich ununterbrochen. Im Tagesverlauf hüllen immer wieder neue Farben die Welt ein und vermitteln dem Leben wechselnde Aspekte. So endet die Nacht in tiefviolettem Licht, der Morgen hat vor Sonnenaufgang ein tiefes Indigo, das den Horizont allmählich rosa und hellblau verfärbt. Auch wenn wir am Tage wegen der großen Helligkeit die einzeln vorherrschenden Farben nicht unterscheiden können: Sie bilden einen Reigen von Grün am Vormittag und Gelb am Nachmittag, das später in abendliche Orangetöne übergeht und mit einem tiefen Rot den Tag beendet.

Die Welt durchläuft ein ganzes Farbspektrum

In 24 Stunden durchläuft die Welt ein ganzes Farbspektrum. Weil natürliches Licht fließend ist, fällt es dem menschlichen Organismus schwer, sich auf das statische Licht künstlicher Beleuchtung einzustellen. Es behindert den natürlichen Energiefluss und bringt die Menschen aus ihrem Gleichgewicht. Geistige wie auch körperliche Störungen sind nachweisbar bei Menschen, die überwiegend künstlichem Licht ausgesetzt sind.

Das wechselhafte Farbenspiel eines Tages wiederholt sich im Jahresverlauf auf neuen Ebenen, die mit dem sich verändernden Sonnenstand zusammenhängen. So herrschen im Winter distanziertere, klarere und kühlere Farbtöne vor als in den anderen Jahreszeiten, in denen eigene und einzigartige charakteristische Farbprägungen bestimmend sind, und auch das wieder je nach Landschaften und Erdregionen unterschiedlich.

Zu einer gesunden Umwelt gehört natürliches Licht. Es erhält in starkem Maße Gesundheit und Vitalität aufrecht und reguliert unser inneres Farbgleichgewicht.

Auch die Farben eines Menschen verändern sich ständig. Je nach Tagesform, je nach zufälligen Bedingungen reagieren die Farben der Chakren und der Aura, die somit täglichen Schwankungen unterliegen. Ein anderer grundsätzlicher Wandel hängt, über einen längeren Zeitraum betrachtet, mit unserer Lebensführung, unserer geistigen und körperlichen Gesundheit zusammen.

Jedes Lebensalter hat seine eigenen Farben

Verschiedene Lebensalter haben ihre eigenen Farben, die unseren Zustand auf mehreren Ebenen widerspiegeln. Die Farben der Kinder sind in der Regel hell, »unverschmutzt«, rosafarben. Kleine Kinder lieben zarte Pastelltöne, ein freundliches Hellblau, Rosa oder Türkis. Instinktiv meiden sie grelles Licht, sie spielen gerne in Ecken, Nischen oder unter dem Tisch. So sollte man in Zimmern von kleinen Kindern freundliche, aber gedämpfte Farben vorherrschen lassen und für Vorhänge, Teppiche und Bettwäsche sanfte Farben wählen.

In den Waldorf-Schulen, die nach den Vorstellungen von Rudolf Steiner entwickelt wurden, geht man beim Anstrich der Klassenzimmer von der emotionalen Grundstimmung der jeweiligen Entwicklungsstufe der Kinder aus. Für jede Altersstufe gibt es andere Farben. In den Räumen der Erstklässler zeigen sich viele rote Farbtupfer, da dies eine Farbe der Extroversion ist und den Schulanfängern hilft, sich nach außen und in die Zukunft zu orientieren. Kinder dieses Alters nennen Rot oft als ihre Lieblingsfarbe.

Damit die Farben nicht statisch sind, werden Wände häufig geschmirgelt und gewölbt, so dass Farben sich bewegen und Schattierungen vermitteln können. Aber auch hier gilt, dass ein Zuviel an Rot zu Überaktivität und Streitlust führt. Für Schulräume eignen sich zartgelb, rosa, hellblau oder helltürkis. Hingegen ist das häufig anzutreffende Beige-Braun kreativitätshemmend.

Bis ungefähr zum siebenten Lebensjahr beziehen Kinder ihre Energien von den Eltern, vor allem von der Mutter. Eine Schwangere strahlt häufig in tiefem Indigoblau, das sie ihrem Kind mitgibt. Wenn die Mutter den Säugling auch nach der Geburt mit ausreichend Indigo versorgen und schützen kann, wird das Kind während seiner ersten Lebensjahre gesund sein.

Der Beginn der selbständigen Chakratätigkeit

Mit dem siebenten Lebensjahr, also mit der Orientierung nach außen, beginnt die selbständige Chakratätigkeit des Kindes, wobei ein extrovertiertes Kind den Übergang zur Selbständigkeit, zu eigenem inneren Gleichgewicht, leichter schafft als ein zurückgezogenes Kind, das sich aus dem Gefühl der Unsicherheit stärker an die Mutter klammert.

In der Pubertät herrscht Rot vor. Das Sexualchakra wird während der Zeit der Geschlechtsreifung besonders aktiv. Damit hängt auch die häufig während dieser Phase zu beobachtende Aufsässigkeit und gegen die Eltern- und Erwachsenenwelt gerichtete Aggressivität zusammen. In besonders krassen und schmerzhaften Fällen des Übergangs sollte man mit gezieltem Einsatz von beruhigenden, harmonisierenden Farben die Rotstrahlung des Pubertierenden dämpfen, zum Beispiel durch einen hellblau-, rosa- oder grünfarbenen Wandanstrich.

In jedem Fall aber gilt: So viel natürliches Sonnenlicht wie möglich, aus dessen Spektrum jeder Organismus sich die Farben zuführt, die er benötigt.

Farben und Partnerschaft

Jeder Mensch versucht unbewusst, sich die für seine innere Harmonie und Ausgeglichenheit notwendigen Farben zu verschaffen. Dies geschieht über das natürliche Licht, über Farbenergien, die er aus seiner Umgebung und Kleidung bezieht, und auch durch die Verbindung mit anderen Menschen, deren Lichtkörper sich mit seinem vermischen. Zum Beispiel wird ein Mensch mit schwachem Türkis im Kehlkopfchakra, der also Schwierigkeiten hat, sich auszudrücken, bei einem Partner, dessen Kehlkopfchakra stark türkis strahlt, »auftanken« können.

Gegenseitige Anziehung beruht häufig auf momentanen Farbbedürfnissen

Die gegenseitige Anziehung beruht häufig auf momentanen Bedürfnissen. Das erklärt zuweilen »unmögliche« Liebesbeziehungen zwischen zwei Menschen, von denen man kaum glauben kann, dass sie Gemeinsamkeiten haben. Und tatsächlich kommt es vor, dass die beiden in vielerlei Hinsicht unterschiedliche Interessen und Vorlieben haben und sich hinsichtlich ihrer Erziehung, Ausbildung und sogar der Intelligenz auffällig unterscheiden. Sie können die Freunde, Hobbies und viele Verhaltensweisen des anderen nicht leiden und fühlen sich dennoch (auch sexuell) extrem stark angezogen. Solche Partnerschaften sind mit großer Wahrscheinlichkeit vorübergehend und werden gelöst, wenn die (Farb-!) Bedürfnisse beider Partner gestillt sind.

In einer guten Partnerschaft geben die Partner einander die Farben, die der andere braucht. Sie gleichen schwache Chakren des anderen durch eigene Energieströme aus, sie verstärken gegenseitig bereits kräftig arbeitende Energiezentren, sie bemühen sich, die

Entwicklungsstufe des anderen zu erreichen oder sich gemeinsam zu einem höheren Bewusstseinsniveau weiterzuentwickeln.

Vorsicht ist allerdings dort geboten, wo ein Partner den anderen mit seinen Farben vollkommen überstrahlt, so dass der schwächere seine Identität verliert und von dem stärkeren abhängig wird. Auch wenn ein Farben- und Energieaustausch in einer Liebesbeziehung etwas Gutes und Stärkendes ist, sollte man sich letztlich nicht auf die Kräfte des Partners verlassen, sondern immer bestrebt sein, sich selber unabhängig und selbständig die Farben zu besorgen, derer man bedarf, und in sich ein starkes Kraftzentrum zu haben, mit dem man weißes Licht hervorbringen und eine höhere spirituelle Schwingungsebene anstreben kann.

Die selbständige Versorgung mit Farben

Wenn jemand dauerhaft Energie verliert, beispielsweise durch ein Energieleck, lebt er ein rastloses Leben auf der Suche nach dem richtigen Partner, denn die Anziehungskraft eines potentiell neuen Partners wird für ihn dadurch definiert, dass dieser ihn mit den nötigen Energieschwingungen versorgt.

Solche Beziehungen basieren auf einseitigen Projektionen und halten nicht lange. Bald schon wird dem nach einer dauerhaften Partnerschaft Suchenden klar, dass die Anziehungskraft des anderen wieder einmal schnell verblasst ist – und er macht sich von Neuem auf die Suche.

Farb-Untersetzer

6

Wie kann ich mein Befinden oder das Befinden meines (Gesprächs-) Partners durch Farb-Untersetzer beeinflussen?

Die Heilkraft der Farben können wir uns in vielfältiger Weise zunutze machen: durch die bewusste Farbwahl in unserer ständigen, unmittelbaren Umgebung – Kleidung, Zimmeranstriche, Bettwäsche, Möbel – oder durch die verschiedenen Farbtherapien. Dies sind Wege zur langfristigen Harmonisierung. Farben sind allerdings auch Energiespender, deren Kraft wir uns sofort zuführen können. Wenn Sie beispielsweise einen anstrengenden, hektischen Arbeitstag hinter sich haben und Ihre strapazierten Nerven erholen wollen, steht Ihnen nicht unbedingt ein indigoblau angestrichener Raum zur Verfügung, in den Sie sich zwecks Erholung begeben könnten. Auch haben Sie möglicherweise nicht vor, sich für einige Stunden zwischen indigoblaue Bettlaken zu legen. Wie können Sie für sich in dieser Situation die nervenstärkende und beruhigende Kraft des Indigoblau nutzen?

Farben sind Energiespender

Eine einfache und äußerst wirkungsvolle Methode ist die, ein Glas Wasser auf einen indigofarbenen Untersetzer zu stellen. Wasser ist ein idealer Informationsträger. Bereits nach fünf bis zehn Minuten hat es Eigenenergie und Schwingungen der Farbe aufgenommen, und es ist auch in der Lage, diese Information wieder abzugeben. Wenn Sie nun langsam von diesem Wasser trinken, werden Sie nach kurzer Zeit bereits die beruhigende Wirkung dieser Farbe spüren. Ihre Nerven werden entspannter, und Sie fühlen sich alsbald wieder wohl und ausgeruht. Die im klaren Wasser gespeicherte Farbinformation bleibt ungefähr drei Stunden erhalten. Dann müsste sie wieder aufgefrischt werden.

Energieaufladung mit dem Farb-Energie-Set

Zu empfehlen ist diese Energieaufladung mit Hilfe des Farb-Energie-Sets (siehe Anhang). Hier haben Sie die Farben in ihrer größten Reinheit und Intensität gespeichert, wobei jedes Set durch ein besonderes Verfahren gegen störenden Einfluss von außen geschützt ist.

Das Farb-Energie-Set bietet Ihnen außerdem den Vorteil, dass Sie es überallhin mitnehmen können, auf Reisen, zur Arbeit, zu einem Vortrag, vielleicht sogar zu einem schwierigen Gespräch, das Ihnen bevorsteht.

Anwendung der Farb-Energie-Sets

Stellen Sie sich eine adrenalinverdächtige Situation vor, zum Beispiel, als Sie sich das letzte Mal fürchterlich über jemanden aufgeregt haben – bei einem handfesten Streit oder als Ihnen ungerechtfertigte Vorwürfe gemacht wurden. Ihr Gegenüber war unglaublich aufgebracht, die Emotionen gingen hoch, Sie selbst wären am liebsten handgreiflich geworden, so eine Wut hatten Sie ... Um in einer solchen Situa-

tion die negativen Gefühle zu neutralisieren und schnell das innere Gleichgewicht wiederzufinden, helfen einige Schlucke Wasser, das mindestens fünf Minuten auf dem Farb-Energie-Set *Grün* stand.
Wenn Sie sich nach einer solchen Situation wieder etwas beruhigt haben, könnte Ihnen eine andere Farbe noch einen Schritt in Richtung Besänftigung weiterhelfen. Trinken Sie von einem zweiten Glas Wasser, das auf dem Farb-Energie-Set der Farbe Rosa gestanden hat. Deren Energien lösen in Ihnen noch verbliebene Spannungen, vielleicht können Sie jetzt endlich Ihren Tränen freien Lauf lassen. Seelischer Druck löst sich immer mehr, bis Sie frei sind für einen neuen und milderen Blick auf Ihren vermeintlichen Widersacher. Sie sind nun vielleicht sogar in der Lage, ihm zu verzeihen oder wieder auf ihn zuzugehen, um den Konflikt zu klären. Auf jeden Fall werden Sie sich jetzt befreiter fühlen.

Rosa löst Spannungen

Oder neigt ein Mensch in Ihrer Umgebung zu unkontrollierbaren Anfällen von Jähzorn? Auch in diesem Fall würden die bedauerlichen Folgen solch impulsiver Handlungen durch die Energien der Farbe Rosa gemildert.

Ähnlich ausgleichend wirkt auch *Hellblau*, das nicht nur Streitigkeiten die Spitze nimmt, sondern von vornherein erst gar keinen Streit aufkommen lässt, vorausgesetzt, die heilende Wirkung dieser Farbe kann rechtzeitig zum Einsatz kommen. Denken Sie einmal daran, Wasser auf hellblauen Untersetzern einem Verwandten zu servieren, der Ihnen einen obligatorischen Pflichtbesuch abstattet, obwohl von vornherein klar ist, dass Sie beide sich nicht riechen

Hellblau lässt keinen Streit aufkommen

können und es bei jeder Begegnung knallt. Sicher kann Ihnen die Kraft der Farbe helfen, den Besuch angenehmer hinter sich zu bringen. Oder vielleicht legen Sie an gewittrig-schwülen Tagen, an denen Ihre Kinder gereizt sind und gar nicht mehr aufhören wollen, miteinander zu streiten, einmal eine hellblaue Tischdecke auf, von der die Kinder das Wasserglas aufnehmen.

Wenn Sie sich nach einem unangenehmen Erlebnis, nach einer begangenen Peinlichkeit, nach einem fürchterlichen Misserfolg so gar nicht beruhigen wollen, sondern die Erinnerung an diese Situation Sie nicht mehr loslässt und immerzu aufs Neue quält, sollten Sie sich der Information der Farbe *Lemon* bedienen. Sie hilft Ihnen, sich von dieser speziellen Erinnerung zu lösen.

Lemon hilft beim Loslassen

In gravierenden Fällen der Vergangenheitsfixierung, etwa wenn jemand seinen Lebenspartner verloren hat und sich in der Gegenwart nicht mehr zurechtfindet, kann die Farb-Energie-Set-Methode beispielsweise eine entsprechende Farbbestrahlung unterstützen. Lemon wirkt gleichzeitig positiv auf das allgemeine Erinnerungsvermögen. So hat diese Farbe eine günstige Wirkung auf vergessliche Leute, die ständig ihre Sachen zusammensuchen müssen oder die Wortfindungsschwierigkeiten haben.

Wenn Sie täglich am Computer arbeiten und ständig der Bildschirmstrahlung ausgesetzt sind, sollten Sie ein Glas Wasser auf der Farbe *Türkis* neben sich stehen haben und immer wieder einige Schlucke davon trinken. Türkis schützt vor Radioaktivität, »Elektrosmog« und Computerstrahlung und ist somit geeignet, Menschen bei ihren Tätigkeiten in strahlungsintensiven Bereichen gesundheitlich zu unterstützen. Gleichzeitig hat Türkis noch eine andere schöne Wirkung. Haben Sie einen Vortrag zu halten, einen Artikel zu verfassen, schreiben Sie ein Gedicht, müssen Sie eine Laudatio erstellen: In diesen und ähnlichen Fällen hilft diese Farbe Ihnen, die richtigen Worte zu finden, Ihre Gedanken zu klären und sprachlich gewandt darzulegen.

Türkis schützt vor Computerstrahlung

Ähnlich wirkt auch die Farbe *Gelb*. Einige Schlucke vom mit gelber Energie gespeisten Wasser sollten Sie Ihrem Kind zu trinken geben, bevor es in die Schule geht und dort eine schwierige Arbeit schreiben muss. Gelb unterstützt den Ideenreichtum und regt insgesamt geistige Tätigkeiten an. Wie oft waren Sie nicht schon in einer Situation, wo Phantasie gefragt war, aber einfach keine guten Ideen auftauchen wollten, weder bei Ihnen noch bei Ihren Mitmenschen. Oder erinnern Sie sich an die Ihnen sicherlich bekannte Situation, als Sie einen Plan entwickelten und an einem bestimmten Punkt einfach nicht weiterkamen! Die Energien der Farbe Gelb helfen Ihnen, solche Blockierungen zu lösen.

Gelb unterstützt den Ideenreichtum

Falls Sie zu den Leuten gehören, die über zu starken Appetit klagen, lassen Sie die Kraft der Farbe *Indigoblau* auf sich wirken. Täglich ein bis zwei Gläser mit Wasser, das auf dem Farb-Energie-Untersetzer dieser Farbe gestanden hat, hemmen allmählich Ihren Appetit. Bevor Sie zu so zweifelhaften Mitteln wie den so genannten Appetitzüglern in Tablettenform

Indigoblau nimmt den Appetit

greifen, sollten Sie sich der Farbheilungskräfte bedienen. Von der entspannenden Wirkung des Indigoblau habe ich oben bereits gesprochen. Es eignet sich auch hervorragend zur Meditationsvorbereitung.

Haben Sie etwa auch gelacht über jene schrullige Oma, die behauptete, nur rote Strümpfe könnten ihre Füße wärmen? Sie haben zu früh gelacht. *Rot* ist eine Farbe, die tatsächlich Wärme abgibt. Rot wärmt bei Kälte und spendet Lebensenergie.

Wenn Sie sich körperlich völlig erschöpft fühlen, wenn Ihre Kinder sich bei einem sportlichen Wettkampf verausgabt haben, verhelfen einige Schlucke aus einem auf rotem Untergrund stehenden Wasserglas zu neuer Energie. Gleiches gilt, wenn Sie von einer Krankheit körperlich geschwächt sind und schnell wieder auf die Beine kommen wollen.

Fühlen Sie manchmal eine merkwürdige Mattigkeit, haben Sie den Eindruck, dass Sie allmählich »alt« werden, dass jugendlicher Schwung und Elastizität verloren gegangen sind und heftige Leidenschaften auch eher der Vergangenheit angehören? Auch in Momenten, in denen Sie so empfinden, verhilft Ihnen die Energie der Farbe Rot zu »jüngeren«, leidenschaftlicheren Gefühlen.

Rot verhilft zu Leidenschaft

Bei der Farbe Rot ist allerdings Vorsicht geboten. Sicherheitshalber sollten Sie das Glas nur zwei bis drei Minuten der Energieabstrahlung aussetzen. Wenn man nämlich zu viel Energie aufnimmt, kann man aggressiv werden.

In noch viel stärkerem Maß hilft die Farbe *Magenta* bei Erschöpfungszuständen. Wenn Sie sehen, dass sich jemand für eine Sache völlig verausgabt und seine Energien - körperlich und geistig - bis zum Zusammenbruch verbraucht hat, dann lassen Sie ihn aus einem Glas mit Wasser trinken, das auf dem Farb-Energie-Set der Farbe Magenta gestanden hat. So kann die eigene Energieabstrahlung der erschöpften Person wiederhergestellt werden. Übrigens bedürfen auch manche Heiler und Behandler gelegentlich eines Schluckes mit dieser Farbinformation.

Vielleicht kennen Sie das Gefühl, in einer »schlechten Phase« zu stecken. Sie haben den Eindruck, nicht von der Stelle zu kommen, von einer Pechsträhne verfolgt zu sein. Oder es verfolgt Sie ein großes Problem, das wie eine drohende, drückende Wolke über Ihnen lastet, zum Beispiel steht Ihnen ein Prozess bevor, dessen Ende unsicher ist. Oder Sie wissen nicht, wie Sie einem Teufelskreislauf entkommen können. Hier hilft Ihnen die Farbe *Violett,* sich von den negativen Gedanken zu befreien und zu reinigen. Reinigend wirkt sie auch in körperlicher und geistiger Hinsicht; einige Schlucke aus einem Wasserglas, das über dem Farb-Energie-Set der Farbe Violett gestanden hat, entlasten die Milz und harmonisieren Ihre beiden Gehirnhälften.

Violett befreit von negativen Gedanken

Nicht selten suchen mich Patienten auf, die über Appetitlosigkeit klagen. Im Gespräch stellt sich dann heraus, dass diese Menschen sich in ihren Problemen so verstrickt haben, dass sie keinen Ausweg mehr sehen. Theoretisch sehen sie ein, dass eine Veränderung ihrem Leben einen neuen Sinn geben kann, aber sie fühlen sich zu kraft- und mutlos zu einem solchen Schritt. Sie überlassen sich passiv den Strömungen, die sie für unabwendbar und unveränderbar halten. Sie leben in einem eher düsteren Grundlebensgefühl, das sich zu Depressionen verdichten kann.

Orange regt den Appetit an

Einen ersten Anstoß zur positiven Veränderung, zur Auflösung des Problemkomplexes gibt solchen Menschen häufig die Wirkung der Farbe *Orange*. Tatsächlich habe ich schon die erfreulichsten Veränderungen an meinen Patienten wahrgenommen, die sich der heilenden Wirkung dieser Farbe ausgesetzt hatten.

Anwendungen auf einen Blick

Man stellt ein farbloses Glas mit Wasser (ohne Kohlensäure) circa fünf bis zehn Minuten auf die jeweilige Farbe, die gebraucht wird, und trinkt das Wasser anschließend langsam in kleinen Schlucken.

Indigoblau
Beruhigt die Nerven; gut für die Meditationsvorbereitung; appetithemmend.

Orange
Appetitanregend; aufheiternd; Kraft spendend; aktivierend; Mutanstoß zur Veränderung; Probleme lösend.

Gelb
Anregend; fördert Ideenreichtum; unterstützend bei geistiger Tätigkeit.

Grün
Harmonisierend bei Wut und Zorn; fördert Heilungsprozesse bei zu starken Emotionen; vermittelt das Gefühl der Sicherheit.

Lemon
Hilft, Vergangenes loszulassen; lindernd bei Husten; stärkt die Thymusdrüse und das Immunsystem; stärkt das Gedächtnis.

Rot
Bringt Lebensenergie; stärkt den Körper; stärkt die Leidenschaft; wärmt bei Kälte; zu viel Rot erzeugt Aggressionen.

Violett
Dient der Reinigung (körperlich, geistig und seelisch); harmonisiert beide Gehirnhälften; entlastet die Milz; fördert die Transformation negativer Gedanken.

Türkis
Schützt vor Radioaktivität, vor »Elektrosmog« und Computerstrahlung; steht für Wahrheit; hilft, Gedanken sprachlich gewandt darzulegen.

Magenta
Notfallfarbe bei körperlichen Erschöpfungszuständen; harmonisiert das Gefühlsleben.

Rosa
Dient der Entwicklung überpersönlicher Liebe; hilft, instinkthafte Wünsche zu transformieren; baut Disharmonien mit anderen Menschen ab.

Hellblau

Ausgleichend und beruhigend bei Streitigkeiten; oder es lässt erst gar keinen Streit aufkommen.

Gold

Auftanken mit kosmischer Energie; ideal zum Abschluss einer Meditation.

Weiß

Dient zur Öffnung für höhere Bewusstseinsdimensionen; Hilfe zur Selbstverwirklichung; starke Heilfarbe mit eventuell heftigen Reaktionen als Folge.

Farbtests

7

Wie finde ich heraus, welche Farben mein Wohlbefinden am wirkungsvollsten fördern?

In unserer heutigen Zeit, in der unser Lebensumfeld nicht mehr durch die Farben und Formen in der Natur geprägt, sondern von den grellsten Farbreizen übersättigt ist, fällt es vielen Menschen schwer, einen bewussten Zugang zu den sie bestimmenden Farbwirkungen zu finden. Die Farbintuition vieler Menschen ist verkümmert. Sie sind häufig verunsichert bei der Wahl der Farben, können sich weder für die Farbe neuer Kleidung noch für den Anstrich des Wohnzimmers und ähnliches entscheiden. Dennoch ist die »richtige« Farbe oder Farbkombination für ein grundsätzliches Wohlbefinden wichtig. Wie findet man also heraus, welche Farbe für einen selbst gut und förderlich ist?

Die richtige Farbe ist wichtig für das Wohlbefinden

Anders als bei der kalkulierbaren Medikamentierung bei Krankheiten muss man bei der Farbanwendung individuell und eher tastend vorgehen. Allgemeine Regeln oder gar Patentrezepte gibt es nicht. Aber es gibt einige einfache Tests, die Ihnen helfen, Ihre Farbbedürfnisse zu erkennen, falls Sie Zweifel an Ihren Farbentscheidungen haben.

Häufig zeigen die Tests Ihnen, dass Sie nicht nur eine einzige Farbe, sondern gleich mehrere benötigen.

Respektieren Sie diese Vielfalt, und setzen Sie die bevorzugten Farben in Ihrer Umgebung und Kleidung entsprechend Ihren Stimmungen ein.
Eine wichtige Voraussetzung für das Gelingen der Tests ist es, dass Sie sich entspannen und sich etwas Zeit nehmen. Lassen Sie sich möglichst nicht durch Telefonate oder ähnliches stören. Suchen Sie sich eine ruhige Umgebung, in der Sie sich ganz auf den Test konzentrieren können.

Die richtige Farbe finden

Trinken Sie ein paar Schlucke Wasser, und benetzen Sie Ihre Stirn und Schläfen sowie den Nacken. Das hilft Ihnen, sich zu entspannen.

Der Farben-Test

Breiten Sie die Farbkarten (siehe Anhang) vor sich aus, und versenken Sie sich in die Farben. Lassen Sie sich viel Zeit, um Ihre Wahl zu treffen; spontane Entscheidungen sind hier nicht notwendig. Es gibt mehrere Möglichkeiten, den Test zu machen, von denen ich Ihnen im Folgenden einige vorschlage. Suchen Sie sich die Vorgehensweise aus, die Ihnen am besten gefällt. Vielleicht fällt Ihnen auch eine weitere ein, die für Sie sinnvoll ist.

- Wenn Sie Aura- und Chakrafarben noch nicht sehen können, aber gleichzeitig etwas über sich in dieser Beziehung erfahren möchten, suchen Sie nacheinander für Ihre Kraftfelder, Chakren und Aura jeweils die Farben aus, die Ihrer Meinung nach der dortigen Energie entsprechen. Schlagen Sie jeweils in Kapitel 5 die Interpretation nach.

- Wenn Sie etwas über Ihre Gesundheitsbedürfnisse erfahren möchten, suchen Sie sich die Farbe(n) aus, die Ihnen am heilsamsten und wohltuendsten erscheint beziehungsweise erscheinen. Die Deutung Ihrer Farbwahl finden Sie in Kapitel 2.
- Sie möchten in Ihrer spirituellen Entwicklung unterstützt werden? Suchen Sie sich die Farbe oder die Farben aus, der oder denen Sie eine solche Kraft zutrauen, und überprüfen Sie Ihr Ergebnis anhand der entsprechenden Anmerkungen bei der Testauswertung.
- Wenn Sie mehr über Ihre derzeitige Situation und Ihre Lebensaufgabe wissen möchten, suchen Sie nach den drei Farben, die Sie brauchen - eine Farbe für den Körper, eine Farbe für den Geist und eine Farbe für die Seele (im Extremfall kann es auch dreimal dieselbe Farbe sein). Die Auswertung dieser Testanordnung finden Sie auf den folgenden Seiten.

Nun wünsche ich Ihnen interessante und auch freudige Erfahrungen, wenn Sie sich ganz auf die Schwingungen der Farben einlassen und möglicherweise in den Farben das Licht entdecken, das uns beseelt und belebt!

Das Licht entdecken, das uns beseelt und belebt

Testauswertung

Die Testauswertung richtet sich nach Ihrer Fragestellung. Falls Sie eine Gesundheitsfrage gestellt haben, schlagen Sie in Kapitel 2 nach. Ansonsten finden Sie auf den folgenden Seiten eine Zusammenstellung möglicher Testergebnisse.

Beachten Sie auch die Rubrik »Karmische Aufgaben«. Hier erhalten Sie Hinweise auf die spirituellen Herausforderungen und Lernaufgaben, die Ihr Schicksal, das Sie bekanntlich selbst bestimmen, für Sie bereithält.

Seinen karmischen Aufgaben sollte man nicht aus dem Weg gehen. Wer sich bereits um seine Bewusstseinsentwicklung bemüht hat, weiß, dass man sich ihnen früher oder später stellen und sie meistern muss. Je früher man diese Aufgaben annimmt, desto flexibler ist man und desto eher ist man in der Lage, sie zu lösen.

Mögen Sie ein Stück vorankommen bei Ihrem Bemühen um mehr Verständnis für sich und Ihre Umwelt.

Farben schenken Freude, Kraft und Erkenntnis

Mögen Sie teilhaben an den tiefen Geheimnissen des Lebens, zu denen Farben einen wesentlichen Schlüssel darstellen. Sie schenken uns Freude, Kraft und Erkenntnis.

Rot

Physisch: Sie sind ein Mensch voll überbordender Kraft und Energie, dynamisch, aktiv. Sie strahlen Hitze ab. Allerdings können Sie auch zu Aggressionen und Kampfeslust neigen. Gesundheitlich könnte Rot ein Zeichen für erhöhten Blutdruck sein. Sie sollten sich unbedingt körperlich anstrengen und intensiv Sport treiben.

Emotional: Sie sind ein Mensch der Leidenschaften, sowohl auf erotischem Feld als auch bei Auseinandersetzungen. Ihre rastlosen Gedanken treiben Sie an, häufig sind Sie ungeduldig. Im Grunde sind Sie ein einsamer Mensch, was Sie zu kompensieren suchen, indem Sie sich in den Mittelpunkt drängen. Sie wollen von allen beachtet werden.

Seelisch: Sie sehnen sich nach Liebe und Anerkennung im körperlichen Bereich und empfinden ein gesteigertes Verlangen nach vollkommener Vereinigung.

Karmische Aufgaben:

Körperlich: Sie sollten Ihre natürlichen Kräfte nicht missbrauchen, sondern für Positives nutzen.

Emotional: Ihre Leidenschaft zum Leben ist erfreulich, Sie sollten sie aber kontrollieren, um nicht Spielball momentaner Impulse zu werden.

Spirituell: Widmen Sie sich bewusst Ihrer seelischen Weiterentwicklung. Sie ist für Ihr Leben genauso wichtig wie die Erfüllung vorübergehender Wünsche.

Orange

Physisch: Sie sind ein energischer Mensch, dessen Ausstrahlung auch auf andere Menschen aktivierend wirkt. Sie besitzen viel Energie und Kraft für neue Unternehmungen und schöpferische Tätigkeiten.

Emotional: Dank Ihrer Heiterkeit und Offenheit können Sie diese Gefühle auch anderen Menschen bereiten und ihnen bei der Lösung von Problemen helfen.

Seelisch: Sie sind an einem Punkt angelangt, wo Sie in sich die Kraft zum Neuanfang entdeckt haben. Sie sind bereit, Ihrem Leben eine neue Wendung zu geben und ganz von vorn anzufangen, nachdem sich Ihre Situation schon als ausweglos dargestellt hat. Als Frau sind Sie möglicherweise seelisch bereit, nun schwanger zu werden.

Karmische Aufgaben:

Körperlich: Sie sollten sich die Erfahrung gönnen, Ihre Kräfte durch Sport und körperliche Betätigung zu genießen.

Emotional: Suchen Sie schöpferische Begegnungen mit neuen Menschen und Ideen.
Spirituell: Sie dürfen sich vertrauensvoll in ganz neue geistige Bereiche vorwagen. Auch dort sind Sie beschützt.

Grün
Physisch: Sie sind robust und ausgeglichen und werden selten krank. Wenn doch, so erholen Sie sich schnell. Als ein stark mit dem Irdischen verbundener Mensch stehen Sie mit beiden Beinen fest auf dem Boden.
Emotional: Sie sind ausgeglichen und beständig. Sie neigen nicht zu Gefühlsausbrüchen, sind kein überschwenglicher Romantiker. Stattdessen sind Sie in Ihren Beziehungen ausdauernd und treu, stets ein guter Kamerad, auf den man sich verlassen kann, ebenso ein treuer Mitarbeiter. Allerdings kann Ihre Beharrlichkeit gelegentlich auch zu Sturheit werden.
Seelisch: Sie besitzen eine starke, oft dominante Willenskraft. In Ihnen steckt viel Lebensenergie. Wenn Sie sich einmal für eine Aufgabe entschieden haben, so bleiben Sie bei ihr und verfolgen sie beharrlich, was manchmal die Gefahr der Einseitigkeit in sich birgt.
Karmische Aufgaben:
Körperlich: Bemühen Sie sich um die Erhaltung Ihrer Vitalität und Kondition.
Emotional: Lernen Sie den Wert irdischer Sicherheiten kennen, ohne sich davon abhängig zu machen.
Spirituell: Bemühen Sie sich von Ihrer Mitte aus um Öffnung zum Transzendentalen.

Blau

Physisch: Sie sind ein ruhiger, harmonieliebender Mensch und gehen Streit möglichst aus dem Wege. Sie sind sehr empfindsam. Sie neigen zu geringer körperlicher Bewegung.

Emotional: Sie können sich emotional gut entspannen und von Problemen Abstand finden. Sie sind in der Lage, Ihre Gefühle auszudrücken. Voraussetzung hierfür ist ein ebenbürtiger Partner. Wenn Ihnen der fehlt, fühlen Sie sich leicht einsam. Sie sind dann für Außenstehende eher unzugänglich und machen einen hochmütigen Eindruck. Tatsächlich wollen Sie mit allen Menschen in gutem Einvernehmen leben, und Sie ziehen sich auch dann eher vor Auseinandersetzungen zurück, wenn jemand Sie angreift. Sie lieben gute Ernährung.

Seelisch: Sie sind äußerst feinfühlig und sensibel – und empfänglich für feinste Schwingungen. Daher erkennen Sie häufig lange vor Ihren Mitmenschen tiefere Zusammenhänge. Sie sind unbedingt bereit, die Menschen zu lieben. In Ihren tiefen Gefühlen drückt sich Ihre Seele aus. Oft sind Sie verwundert, wenn Sie die Erfahrung machen, dass andere Menschen (noch) nicht so lieben wie Sie. Sicher sind Sie eine »alte Seele«. Durch Meditation können Sie immer wieder in Ihre Mitte gelangen und so leicht Kraft und Energie schöpfen.

Karmische Aufgaben:

Körperlich: Achten Sie darauf, dass Sie genügend Bewegung an der freien Luft und unter der strahlenden Sonne haben.

Emotional: Lassen Sie Ruhe in Ihr Leben einkehren.

Spirituell: Nutzen Sie jeden Impuls zum Meditieren.

Gelb

Physisch: Ihr Darm verdaut gut, Sie entgiften Ihren Körper gründlich, müssen allerdings auf Ihren Magen achtgeben, der häufig nervös reagiert. Sie sind leicht erregbar, was sich bis zu cholerischen Ausbrüchen steigern kann besonders in Liebesangelegenheiten.
Emotional: Sie können sich auf Ihren wachen Verstand und Ihre schnelle Auffassungsgabe verlassen. Sie sind ein praktisch denkender Mensch, der sich um sein berufliches Fortkommen kümmert und wenig Ängste hat. Ihre Weltoffenheit macht es Ihnen schwer, die mentale Schwerfälligkeit und Verschlossenheit anderer Menschen nachzuvollziehen.
Seelisch: Sie sind gefestigt und stehen auf dem Boden der Tatsachen. Sie besitzen eine gehörige Portion Gottvertrauen, auch wenn Sie selbst das nicht so nennen würden.
Karmische Aufgaben:
Körperlich: Sorgen Sie dafür, dass Ihre Freude an geistiger Beweglichkeit nicht zu Lasten Ihrer nervlichen Gesundheit geht.
Emotional: Pflegen Sie weiterhin den lebendigen Austausch mit Menschen und Energien, meiden Sie aber Oberflächlichkeit, und verzetteln Sie sich nicht.
Spirituell: Auch wenn der unmittelbare Erfolg zunächst ausbleibt, sollten Sie beharrlich Ihren Weg auf der Suche nach den großen Lebenswahrheiten weitergehen.

Violett

Physisch: Ihre beiden Gehirnhälften fangen an, synchron zueinander zu schwingen und sich aufeinander zu beziehen. Ihr Körper benötigt einen gründlichen Reinigungsprozess – oder er befindet sich

gerade darin. Sexuell sind Sie ausgeglichen, möglicherweise haben Sie eine Tendenz zur Schwärmerei.
Emotional: Sie haben intuitive und mediale Fähigkeiten, interessieren sich für Übersinnliches, Mystik, Magie und Metaphysik. Dank Ihrer Gabe, negative Gedanken zu transformieren, können Sie sich über Hass, Ärger und Wut erheben. Sie haben eine starke Selbstachtung.
Seelisch: Sie sind eine »alte Seele« und können kosmische Energien durch Alchimie, Mystik oder Meditation erschließen und sinnvoll anwenden. Sie haben sich die Erfahrungen aus Ihren vergangenen Leben erhalten und können sie intuitiv wieder anwenden.
Karmische Aufgaben:
Körperlich: Ihr Organismus bedarf regelmäßig der Erholung und gründlichen Reinigung.
Emotional: Genießen Sie feinere, höhere Gefühle und Stimmungen, aber achten Sie darauf, nicht den Kontakt zur Alltagsebene zu verlieren.
Spirituell: Setzen Sie Ihre mediale Veranlagung in verantwortlicher Weise zum Wohl der Menschen ein.

Türkis

Physisch: Sie sind ein wacher Denker und können Sprache geschickt benutzen, um Ihre Gedanken auszudrücken. In der Regel können Sie klar und ungestört mit anderen Menschen kommunizieren. Sollten Sie jedoch den Eindruck haben, dass Ihr Wunsch nach Verständigung nicht befriedigend eingelöst werden kann, so überprüfen Sie Ihre Umgebung nach möglichen elektromagnetischen Störfeldern wie Computer, Fernseher, Radiosender, geopathische Störzonen, Wasseradern.

Emotional: Sie verfügen über ein ausgeprägtes Wahrnehmungsvermögen und erfassen überraschend schnell größere Zusammenhänge. Ihre Gefühle wirken harmonisch und von höherer Ebene gut gesteuert. Beide Bereiche, Verstand und Gefühle, stehen bei Ihnen in Einklang miteinander.

Seelisch: Negative Kräfte können Sie nicht so leicht stören oder schwächen. Sie sind ein wahrheitsliebender und aufrichtiger Mensch, auf den man sich verlassen kann.

Karmische Aufgaben:

Körperlich: Sie sollten sich vor zu großen geopathischen oder elektromagnetischen Störfeldern und Belastungen schützen.

Emotional: Achten Sie stets darauf, die Klarheit Ihrer Gedanken und Ihre schöpferische Ausdruckskraft mit Herzenswärme zu verbinden.

Spirituell: Wichtig für Sie ist, ständig Erfahrungen Ihres Bewusstseins zu suchen, sie bewusst wahrzunehmen und bewusst zu formulieren.

Lemon

Physisch: Sie sollten Ihren Lymphfluss anregen, Wechselbäder oder Wechselduschen nehmen oder eine Lymphdrainage vornehmen lassen. Ihr Problem ist, dass Sie dazu neigen, Erkrankungen, vor allem Erkältungen, zu verschleppen, und sich nicht genug Zeit zum Gesundwerden zu geben.

Emotional: Ihnen fehlt das Vertrauen, sich mit Ihren Gefühlen auf bestimmte Lebenssituationen einzulassen. Eher versuchen Sie, diese mit dem Verstand zu bewältigen. Möglicherweise haben frühere Schicksalsschläge bei Ihnen zu frühzeitiger Resignation geführt, oder Sie haben sich aufgrund Ihrer Lebenserfahrungen entschieden, sich vor allem um sich selbst zu kümmern.

Seelisch: Gestatten Sie sich ruhig mehr, auf Ihre Gefühle und Ihre innere Stimme zu hören, lassen Sie Trauer zu, und gönnen Sie sich, zu weinen. Nutzen Sie die Chance, sich und anderen - auch Ihrem Schicksal - zu vergeben, denn Sie haben die Kraft, zu erkennen, dass Ihr Lebensweg durch Ihre eigenen persönlichen Erfahrungen, Lebens- und Gefühlseinstellungen beeinflusst wird.

Karmische Aufgaben:

Körperlich: Bemühen Sie sich um Stärkung Ihrer Abwehrkräfte. Aktivieren Sie Ihre Thymusdrüse, zum Beispiel durch Bestrahlung mit Lemon, ernähren Sie sich gesund und trinken Sie viel klare Flüssigkeit.

Emotional: Nutzen Sie Ihre Gedankenkraft sinnvoll bei der Erkennung und Lösung Ihrer Probleme.

Spirituell: Bleiben Sie nicht bei der mentalen Einsicht in Ihre seelischen Entwicklungswege stehen, sondern setzen Sie Ihre Erkenntnisse konsequent um.

Rosa

Physisch: Sie sind so empfindsam, dass Sie die Nöte und Leiden Ihrer Mitmenschen teilen, bis hin zu körperlichen Schmerzen.

Emotional: Sie sind ein selbstlos liebender Mensch mit viel Herzenswärme. Sie setzen sich bedingungslos für Ihre Familie oder Freunde ein und geben ihnen viel von Ihrer Energie. Sie haben gelernt, instinkthafte Wünsche zu transformieren und so gewonnene Energien liebevoll weiterzugeben.

Seelisch: Sie sind auf dem Weg, zu erkennen, dass Sie persönliche Schicksalsschläge transformieren können.

Karmische Aufgaben:

Körperlich: Sie dürfen sich durchaus etwas Ruhe und Bequemlichkeit gönnen, sollten dabei aber nicht träge werden.

Emotional: Geben Sie ruhig Ihrem Harmoniebedürfnis nach. Achten Sie aber darauf, dass Sie den Sinn für Realität mit Blick auf andere Menschen und Lebensumstände nicht verlieren.

Spirituell: Streben Sie mittels der sanften, zarten, mitfühlenden Energien in Ihnen einen Zugang zu übersinnlichen und überpersönlichen Ebenen an.

Magenta

Physisch: Oft verlangen Sie zu viel von sich selbst. Erholen Sie sich regelmäßig, um Ihre Energiereserven aufzufrischen.

Emotional: Sie sind gern für andere Menschen aktiv und ihnen unbedingt hilfreich. Ihr Wunsch ist es, andere mit Ihrer Kraft zu speisen und durch Ihre Präsenz deren Gefühlsleben zu harmonisieren. Bitte muten Sie sich nicht zu viel zu.

Seelisch: Manchmal glauben Sie, allein kraft Ihres Willens den Fluß Ihrer Lebensenergie lenken zu können. Dann ist es nötig, daß Sie sich um mehr Ausgleich bemühen – zwischen einem gesunden und legitimen Selbstvertrauen und einer demütigen Öffnung für die überpersönlichen, kosmischen und göttlichen Kräfte in der Natur.

Karmische Aufgaben:

Körperlich: Genießen Sie delikate Sinnlichkeit.

Emotional: Erkunden Sie mit größter Offenheit neue Gefühlsqualitäten sowie Wege der zwischenmenschlichen Kommunikation.
Spirituell: Begeben Sie sich auf die Suche nach anderen, wirksameren Wegen zur Selbstverwirklichung als bisher.

Weiß

Physisch: Sie sind entweder vollkommen gesund, oder Sie haben den unmittelbaren Zugang zu Ihrer körperlichen Befindlichkeit etwas verloren. Bei Krankheit suchen Sie ungeduldig rasche Heilung, wobei Sie vor drastischen Heilweisen nicht zurückschrecken.
Emotional: In Ihnen gibt es beides: die Erfahrung der beglückenden selbstlosen Liebe - und die Angst, die Kontrolle zu verlieren in einer lebendigen und schöpferischen Gefühlsbeziehung.
Seelisch: Sie wissen, dass das weiße Licht Ihnen bei Ihrer Suche nach Selbsterfahrung und Selbstverwirklichung ein sicherer Wegweiser und eine Lebenshilfe ist - auch in der Meditation.
Karmische Aufgaben:
Körperlich: Schätzen Sie Ihre Körperlichkeit als schöpferisches Geschenk hoch ein.
Emotional: Haben Sie mehr Vertrauen in das Wechselspiel von Geben und Nehmen. Sie brauchen nicht zu befürchten, dass Ihr Wesenskern davon negativ beeinflusst wird.
Spirituell: Fördern Sie sich selbst in jeder geeigneten Weise, um noch mehr weißes kosmisches Licht in sich aufzunehmen und durch sich ausstrahlen lassen zu können.

Gold

Physisch: Sie streben nach vollkommener Gesundheit und strotzender Vitalität.

Emotional: Sie sind sehr bemüht, Ihre Ego-Energien zu transformieren und ein ideales Gemütsleben zu entwickeln.

Seelisch: Sie haben bereits erfahren, was wahre Werte im Leben sind. Sie richten Ihre Lebensführung darauf aus, in diesem Leben Erleuchtung zu erlangen und Ihr Karma oder Schicksal zu meistern.

Karmische Aufgaben:

Körperlich: Sie dürfen sich ruhig hin und wieder verwöhnen, wenn Sie dabei nicht in Bequemlichkeit verfallen. Achten Sie auf Ihre Gesundheit.

Emotional: Lassen Sie Ihre Sehnsucht nach höchster Erfüllung ruhig zu. Mit Affirmationen und Visualisierungen nähern Sie sich deren Verwirklichung.

Spirituell: Sie dürfen ruhig nach Höchstem streben bei dem Versuch, Ihrem Leben einen Sinn zu geben. Nehmen Sie dabei die höchsten schöpferischen Kräfte voller Vertrauen und Demut in Anspruch.

Braun

Physisch: Sie haben ein starkes Bedürfnis nach erdiger Sicherheit und einem wohltuenden »Schutzmantel«, um sich richtig wohl fühlen zu können. Goldschmuck könnte Ihr Wohlbefinden möglicherweise steigern.

Emotional: Sie dürfen ruhig einmal etwas mehr wagen. Sie sind ein Mensch, der eher Halt sucht in festen Strukturen und Werten oder bei gefestigten Menschen.

Seelisch: Lassen Sie sich ruhig und angstfrei auf höchste Dimensionen des Lichts und Quellen kosmischer Kräfte ein.

Karmische Aufgaben:

Körperlich: Machen Sie sich klar, wann Sie aus gesundheitlich notwendigem Schutzdenken handeln und wann seit langem bestehende, nicht hinterfragte Gewohnheiten Ihre Ernährung oder sonstige Lebensweise bestimmen.

Emotional: Entscheiden Sie sich doch einmal für helle, frische Farben - ein erster Anfang zu aktiver Lebensfreude, die Sie sich ruhig öfter gestatten sollten.

Spirituell: Ihren Wunsch nach Sicherheit können Sie sinnvoll verbinden mit Meditation oder dem Gebet um Führung, Intuition oder Inspiration von geistig-spirituellen Ebenen her.

Grau

Physisch: Neigung zur Nachlässigkeit und - bezogen auf den eigenen Körper - zur Schwäche.

Emotional: Sie leiden unter dem »Graue-Maus-Syndrom«, haben den Wunsch, nirgendwo aufzufallen und anzuecken. Ihr Beharren auf Distanz lässt Sie häufig unterkühlt und arrogant, gelegentlich auch elegant wirken.

Seelisch: Aus einer existentiellen Unklarheit und Unbewusstheit heraus sind Sie auf der ständigen Suche nach spiritueller Identität.

Karmische Aufgaben:

Körperlich: Seien Sie positiv aktiv. Tun Sie sich etwas Gutes, indem Sie sich an frischer Luft bewegen, gesunde, natürliche Lebensmittel zu sich nehmen und ähnliches.

Emotional: Gibt es eine Farbe, vor der Sie zurückschrecken? Prüfen Sie sich sorgfältig, und finden Sie gegebenenfalls den gefürchteten Farbton heraus. Dort finden Sie ein Thema, das zu analysieren und zu bearbeiten für Sie sehr hilfreich sein könnte.
Spirituell: Lassen Sie sich nicht entmutigen bei Ihrer Suche nach dem schattenlosen Licht - in diesem Leben! Wir alle leben ja durch dieses und in diesem Licht, auch wenn viele Menschen es oft noch nicht oder nicht mehr sehen. Vielleicht hilft Ihnen eine Meditation mit dem inneren Licht dabei. (Siehe Kapitel 2: Heilmeditationen mit dem inneren Licht.)

Schwarz

Physisch: Energieblockaden oder (extremer) Energieschutz; oft auch Schwächung durch eine Sucht.
Emotional: Sie wollen auf keinen Fall von jemandem oder etwas beherrscht werden und haben daher häufig den Wunsch, »unsichtbar« zu sein. Möglicherweise haben Sie selbst den Wunsch (oder sogar die Sucht), Macht, Einfluss oder Magie auszuüben.
Seelisch: Unbewusstheit, dunkle Seiten von Magie.
Karmische Aufgaben:
Körperlich: Fasten; Licht-, Luft- und Sonnenbäder nehmen; Bewegung in der Natur (Radfahren, Laufen, Schwimmen).
Emotional: Gibt es in Ihnen verborgene Ängste? Prüfen Sie, wie Sie sich diese bewusst machen können.
Spirituell: Öffnen Sie sich den positiven Kräften von Gebet und Meditation, am besten in und mit einer undogmatischen, positiven Gruppe.

Der Farben-Partnertest

Mit dem Zwölf-Farben-Test können Sie sich selbst und Ihren Partner besser kennen lernen. Wählen Sie vier Karten (es können auch mehrmals dieselben sein), und stellen Sie dazu die folgenden vier Fragen:

1. Welche Farbe entspricht jetzt meinen Gefühlen?
2. Welche Farbe ist so, wie ich selbst sein will?
3. Welche Farbe entspricht meinem derzeitigen Bild von meinem Partner?
4. Welche Farbe ist so, wie mein Partner sein sollte?

Wenn Sie Ihre Übereinstimmung mit dem Partner überprüfen wollen, formulieren Sie Ihre Fragen anders: Vergleichen Sie die Farben, die Sie am meisten und am wenigsten mögen, mit den Farben, die Ihr Partner entsprechend am meisten oder am wenigsten schätzt. Wenn Sie anschließend gemeinsam die Bedeutung der Farben besprechen, können Sie im Gespräch vieles über Ihre Einstellungen zueinander, Ihre Erwartungen, Freuden, Hoffnungen und Ängste klären.

Farben helfen, einander besser kennen zu lernen

Deutungen für den Farben-Partnertest

Die Interpretation der jeweiligen Farbenwahl im Partnertest geht aus der Anordnung der Farben im »Sympathiekreis« hervor. Die zwölf Farbkarten sind kreisförmig angeordnet und liegen in folgender Reihenfolge nebeneinander: Magenta - Rot - Orange - Gold - Gelb - Lemon - Grün - Türkis - Blau - Weiß - Violett - Rosa - Magenta.

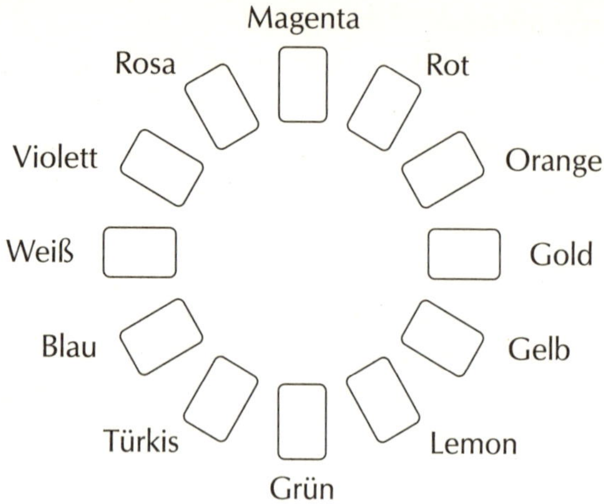

Abbildung 3: »Sympathiekreis«

Energieverstärkung

Sie und Ihr Partner haben dieselbe Farbe gewählt.

Harmonie

Geistige Übereinstimmung zwischen Ihnen und Ihrem Partner liegt vor, wenn die vom Partner gewählte Karte im Kreis als übernächste auf Ihre eigene folgt.

Bewusstseinsförderung

Liegen die von Ihnen und Ihrem Partner gewählten Karten im Sympathiekreis einander gegenüber, so deutet das auf gegenseitige Bewusstseinsförderung in Ihrer Beziehung hin. Ausgeschlossen sind allerdings die Kombinationen Grün – Magenta und Weiß – Gold. Bewusstseinsfördernde Spannungen liegen ebenfalls vor, wenn Ihr Partner eine Karte gewählt hat, die als dritte auf Ihre eigene folgt.

Verständnis

Liegen die von Ihnen und Ihrem Partner gewählten Farben im Kreis direkt nebeneinander, zeigt dies das tiefe Verständnis zwischen Ihnen, insbesondere wenn einer von Ihnen Weiß gewählt hat.

Krisen

Eine Erneuerung verheißende Krise deutet sich an, wenn Ihr Partner eine Karte gewählt hat, die als fünfte auf Ihre eigene folgt. Sie können voneinander lernen und haben gemeinsam eine karmische Aufgabe zu bestehen.

Ergänzung

Sie und Ihr Partner verstärken sich gegenseitig in Ihren spirituellen Fähigkeiten, wenn Sie Weiß und Gold gewählt haben.

Neutralität

Haben Sie und Ihr Partner Grün und Magenta gewählt, neutralisieren sich Ihre Energien.
Eine Mischung dieser Farben, auch wenn sie mit noch anderen Farben kombiniert werden, ergibt Schattierungen, die auf jeden Fall einen Belastungsfaktor für die Partnerschaft darstellen.
Braun verweist auf ein starkes Sicherheitsbedürfnis, Grau auf zu geringe Energie oder auf Entscheidungsunsicherheit und Schwarz auf fehlende Klarheit der Motive innerhalb der Partnerschaft oder ein ausgeprägtes Bedürfnis, sich zurückzuziehen.
Ich empfehle Ihnen, die beiden Farben zunächst einmal auf sich wirken zu lassen und ihren jeweiligen Schwingungen liebevoll nachzufühlen. Bedenken Sie,

dass jede Farbe nur ein Aspekt aus der Einheit »Licht« ist. Wählen Sie dann, falls Sie den Wunsch nach einem gemeinsamen Thema haben, eine dritte Farbe, oder einigen Sie sich auf eine der Farben Magenta, Grün, Gold oder Weiß. In der gewählten Farbe finden Sie dann die gemeinsame Aufgabe und Lösung.

Das Farb-Orakel

Die Bedeutung von Farben für das Befinden und die Lebenslage

Mischen Sie die Karten, und legen Sie sie anschließend mit der Rückseite nach oben im Halbkreis vor sich aus. Konzentrieren Sie sich nun auf Ihre Fragen, und wählen Sie mit Bedacht drei Karten - nicht mehr - aus. Diese Karten sollen jeweils etwas aussagen über Ihr Befinden oder Ihre Lebenslage. Beispielsweise können Sie die Karten als Orakel über Ihre Vergangenheit, Gegenwart und Zukunft befragen. In diesem Fall steht die erste Karte für die Vergangenheit, die zweite für die Gegenwart und die dritte für die Zukunft.

Natürlich können Sie auch andere Fragen an die drei einzelnen Karten stellen, zum Beispiel nach Ihrer karmischen Aufgabe. Die Fragen könnten Sie so formulieren:

1. Was ist meine Aufgabe?
2. Was muss ich dafür tun (Arbeit)?
3. Was kann mir dabei helfen?

Deutungen

Rot

- in Vergangenheit, Gegenwart oder Zukunft: Aktivität, Aufregungen, Anspannung.

- als Aufgabe: Mehr Lebensmut, Lebenskraft und Vertrauen in das Leben zulassen.
- als Arbeit: Mehr Aktivität und Tatkraft entfalten.
- als Hilfe: Umstände oder Menschen werden Sie als »Außenkräfte« aktiv fördern.

Orange

- in Vergangenheit, Gegenwart oder Zukunft: Offenheit für die kreative Fülle des Lebens, Aufforderung, über seine eigenen Schattenseiten hinauszuwachsen.
- als Aufgabe: Erweiterung des Horizonts; Mut haben, etwas Neues zu tun.
- als Arbeit: Lassen Sie Vorurteile fallen, gehen Sie auf Menschen und Ideen offen zu.
- als Hilfe: Wärme und Herzlichkeit von anderen Menschen.

Gelb

- in Vergangenheit, Gegenwart oder Zukunft: Geistige Beweglichkeit, Austausch, Kommunikation, herzliche Offenheit.
- als Aufgabe: Öffnung für das »Sonnige« im Leben, für schöpferischen Austausch.
- als Arbeit: Bewusster Einsatz von Verstand und Konzentration.
- als Hilfe: Sie bleiben geistig und intellektuell bei der Sache.

Lemon

- in Vergangenheit, Gegenwart oder Zukunft: Frühlingserwachen, kindliches Vertrauen ins Leben.
- als Aufgabe: Stärkung der Widerstandskraft und des Immunsystems.

- als Arbeit: Aktivierung der Thymusdrüse und des Lymphsystems durch entsprechende Übungen und Ernährung.
- als Hilfe: Zeitweiser Aufenthalt in besonders guter und stiller Umwelt; lernen, sich von Altem zu lösen.

Grün

- in Vergangenheit, Gegenwart oder Zukunft: Ausgeglichenheit, Ausgewogenheit.
- als Aufgabe: Ganzheitliche Heilung.
- als Arbeit: Für Nervenentspannung und Harmonie in Körper, Geist und Seele sorgen.
- als Hilfe: Unterstützung bekommen ohne neue karmische Verstrickungen.

Türkis

- in Vergangenheit, Gegenwart oder Zukunft: Notwendigkeit oder Fähigkeit, sich vor materiellen oder emotional-geistigen Einflüssen zu schützen und eigene Lebensziele auszudrücken.
- als Aufgabe: Lernen, die eigene Meinung nach sorgfältiger Prüfung selbstbewusst zu äußern.
- als Arbeit: Schreiben, reden, malen; gestalten Sie aktiv das, was Sie bewegt - Ihre Träume, Hoffnungen und Ziele!
- als Hilfe: Sie werden durch Freunde, Kurse oder Bücher Hilfen erhalten, um Ihr Leben selbstbewusster zu führen.

Blau

- in Vergangenheit, Gegenwart oder Zukunft: Impulse aus dem Unbewussten; Bilder und Klänge der Seele.

- als Aufgabe: Der Sehnsucht der Seele mehr Raum geben.
- als Arbeit: Ruhiger, besonnener werden; bewusste Bemühungen um Öffnung für feinere Schwingungen (Meditation, Arbeit mit Farben).
- als Hilfe: Träume oder Meditationserlebnisse, die auf Möglichkeiten der Bewusstseinsentwicklung hinweisen.

Violett

- in Vergangenheit, Gegenwart oder Zukunft: Bestimmung durch höhere Werte.
- als Aufgabe: Umfassende und tiefgreifende Reinigung an Körper, Geist und Seele.
- als Arbeit: Regelmäßige Rituale und Gebete beziehungsweise Meditationen.
- als Hilfe: Fingerzeige aus höheren Dimensionen, eventuell als künstlerische Inspirationen oder Visionen.

Magenta

- in Vergangenheit, Gegenwart oder Zukunft: Lebenssinn, Lebensziele.
- als Aufgabe: Aktive Beteiligung am geistig-spirituellen Fortschritt und geistiger Besinnung.
- als Arbeit: Bewusstes Einteilen der eigenen Kräfte.
- als Hilfe: Sich der geistigen Hintergründe von Ereignissen besser bewusst werden.

Rosa

- in Vergangenheit, Gegenwart oder Zukunft: Überpersönliche Liebe, echte Herzenswärme und Herzensgüte.

- als Aufgabe: Harmonie in sich selbst und der Umwelt verbreiten.
- als Arbeit: Sich für die höheren, schöpferischen Lebenskräfte öffnen, die immerfort Licht und Liebe aussenden.
- als Hilfe: Unterstützung, um überpersönliche Liebe entwickeln und ausstrahlen zu können.

Weiß

- in Vergangenheit, Gegenwart oder Zukunft: Spiritualität, Klarheit, Reinheit.
- als Aufgabe: Dem Licht der Wahrheit dienen.
- als Arbeit: Klarheit im eigenen Fühlen, Denken und Verhalten schaffen.
- als Hilfe: Möglichkeit, sich mit der höchsten Lichtquelle und allumfassenden Einheit zu verbinden.

Gold

- in Vergangenheit, Gegenwart oder Zukunft: Ganzheit, Gnade, auch Glück.
- als Aufgabe: Sich bewusst als Teil und Kanal der Göttlichkeit des Lebens empfinden.
- als Arbeit: Das Wissen um die Göttlichkeit allen Lebens im eigenen Leben verwirklichen, um irdische Aufgaben leichter lösen zu können.
- als Hilfe: Bewusstwerden des göttlichen Ursprungs allen Seins.

Braun

- in Vergangenheit, Gegenwart oder Zukunft: Sicherheitsstreben, Vorsicht; eventuell auch ehrliches Bemühen um mitmenschliche Güte.

- als Aufgabe: Loslassen von alten Strukturen und überholten Verhaltensmustern; unter Umständen auch Besinnung auf notwendige Erdung und Erhaltung des physischen Körpers.
- als Arbeit: Überprüfen, welche Gefühls-, Denk- und Gewohnheitsmuster Sie blockieren und ob sie notwendig sind.
- als Hilfe: Verbundenheit mit der Erde und ihren Urkräften.

Grau

- in Vergangenheit, Gegenwart oder Zukunft: Unklarheit, Unsicherheit, Suche ohne klares Ziel.
- als Aufgabe: Vorurteilslose Analyse der eigenen Motive und Lebensziele; neue Energien mobilisieren.
- als Arbeit: Sich der eigenen Identitätsfindung widmen; Grau stellt keine direkte Hilfe dar, sondern ist als Hinweis zu verstehen, wieder am Leben teilzunehmen.

Schwarz

- in Vergangenheit, Gegenwart oder Zukunft: Scheu vor offenem Konflikt mit dem Leben oder (verstecktes?) Machtstreben; eventuell auch Selbst-Sabotage.
- als Aufgabe: Schattenbilder der eigenen Persönlichkeit oder der Gesellschaft erkennen lernen.
- als Arbeit: Aktive Beschäftigung mit positiven Lebenskräften; eventuell auch Notwendigkeit, neue Lebenskräfte zu finden.
- als Hilfe: Möglichkeit des Zurückziehens für kurze Zeit; unter Umständen auch Heilschlaf oder stille Meditation.

Der Muskeltest

Mit diesem leicht durchführbaren Test können Sie herausfinden, welche Farbe Ihre Motivation steigert und somit Ihre Arbeit hilfreich unterstützt.
Sie benötigen dafür eine Personenwaage, die Sie auf einen Tisch stellen, und einige farbige Tücher. Legen Sie ein Tuch über die Waage. Versenken Sie sich in die Farbe, und drücken Sie dann mit der Muskelkraft eines Armes - nicht mit dem gesamten Körpergewicht - auf die Waage.
Wiederholen Sie den Versuch mit den anderen Farbtüchern. Erst wenn Sie die jeweilige Farbe vor Ihrem »inneren Auge« sehen, sollten Sie drücken.
Anschließend vergleichen Sie, wie stark Sie bei den einzelnen Farben gedrückt haben. Diejenige Farbe, die Sie zum kräftigsten Druck inspirieren konnte, verhilft Ihnen zu mehr Kraft und Stärke.

Mehr Kraft und Stärke durch Farben

Der Muskeltest mit Partner

Sie können den gleichen Test auch mit einem Partner machen, indem Sie die Kuppen von Daumen und Zeigefinger Ihrer linken Hand aneinander legen, sich eine Weile den Schwingungen einer Farbkarte aussetzen und dann Ihrem Partner Widerstand entgegensetzen, wenn er anschließend versucht, Ihren Daumen und Zeigefinger auseinander zu biegen. Am stärksten aktiviert Sie die Farbe, bei der Ihr Partner die meiste Kraft gegen Ihren Widerstand aufwenden musste.
Bei diesem Muskeltest erfahren Sie gleichzeitig, welche Farben Sie stärken und welche Sie eher schwächen.

Der Spiegeltest

Eine andere Möglichkeit zeigt Ihnen schnell und sicher, welche Farben Ihnen gut tun.
Setzen Sie sich vor einen Spiegel. Sie sollen darin nur Ihr gut ausgeleuchtetes Gesicht sehen. Lassen Sie sich Zeit und Ruhe. Legen Sie sich ein farbiges Tuch um und beobachten Sie Ihren Gesichtsausdruck, insbesondere die Augen und Mundwinkel.
Nun legen Sie sich ein anderes Farbtuch um. Sie werden feststellen, dass sich Ihr Gesichtsausdruck verändert. Ihre Augen und Mundwinkel signalisieren Ihnen, wann Sie sich wohl oder eher unbehaglich fühlen. Sie selbst müssen entscheiden, bei welcher Farbe Sie sich am wohlsten gefühlt haben. Diese Farbe übt den auf Sie günstigsten Einfluss aus und stärkt Ihre persönlichen Kräfte.

Stärkung der persönlichen Kräfte durch Farben

Der Auswahltest

Betrachten Sie eingehend und konzentriert die Farben einer Farbpalette und wählen Sie die Farbe aus, die Ihnen spontan gut gefällt. Sicher werden Sie bei der Betrachtung der einzelnen Farben feststellen, dass Sie unterschiedlich reagieren, mal Wohlbehagen, mal Abneigung empfinden.
Nun nehmen Sie die spontan gewählte Farbe in die Hand und nehmen ihre Schwingungen in sich auf. Beobachten Sie sich und Ihre Reaktionen auf die Strahlen der Farbe genau. Sie können sowohl positive als auch negative Reaktionen erfahren. Auf jeden Fall sollten Sie für die Farbschwingungen offen sein

und sie in sich aufnehmen. So erfahren Sie eine Menge über sich und können auch Ihre Gefühlsschwankungen besser verstehen.

Therapievorschläge zur Farbbestrahlung

8

Was kann ich bei Beschwerden tun?

Im Folgenden gebe ich Ihnen einen Überblick über Farbbestrahlungen bei den am häufigsten auftretenden Beschwerden. Diese Therapievorschläge dienen als Anregung. Bitte wenden Sie sie entsprechend gewissenhaft und verantwortlich an, vor allem, wenn Sie sich selbst behandeln. Suchen Sie im Zweifelsfall bitte einen kompetenten Heilpraktiker auf. Der Fachverband der deutschen Heilpraktiker e.V. kann Ihnen geprüfte und seriöse Heilpraktiker und Farbtherapeuten in Ihrer Nähe nennen (Fachverband der deutschen Heilpraktiker e.V., Neumarkter Straße 87; D-81673 München, Telefon 0 89/4 31 41 40).
Die folgenden Anregungen können eine notwendige medizinische Behandlung durch einen kompetenten Heilpraktiker oder Arzt nicht ersetzen!

Die Anwendung der Farbbestrahlung

Man bestrahlt direkt auf die nackte Körperoberfläche. Achten Sie darauf, dass die Haut unbedingt vor Erwärmung durch Farblicht geschützt wird, da sonst die Wirkung der Farbbestrahlungen nicht nur eingeschränkt, sondern sogar ins Gegenteil verkehrt wird.

Eine geeignete Farblampe wird (mit Bezugsquelle) im Anhang beschrieben. Sie besitzt einen pyramidenförmigen Aufsatz aus Quarzglas. Die Dauer der Bestrahlungen erstreckt sich mit diesem »Pyramidenfokus« über circa eine bis zwei Minuten, bei der Spot- oder Zonenbestrahlung über 30 bis 120 Minuten.

Physische Beschwerden

Akne

1. Violett wird, am besten mit Pyramidenfokus, auf die Mitte des Scheitelchakras gestrahlt.
2. Gelb wird in der Mitte des unteren Rippenbogens, links und rechts, auf die Leber (Leberakupunkturpunkte) sowie hinten auf die Nieren gestrahlt.

Aktivität

Bei Überfunktion:

1. Indigo auf das »dritte Auge« zur Beruhigung.
2. Purpur auf Nieren- und Nebennieren.

Bei Unterfunktion: Scharlachrot auf Herz und Nieren.

Bei hyperaktiven Kindern kommen als Ursache für Überaktivität vor allem zu viel Phosphor in der Nahrung (Tiefkühlkost!) oder Würmer in Frage.

Allgemeine Anregung

Normalisierung des Säftehaushalts (Funktionsausgleich und Anregung der innersekretorischen Drüsen):

1. Grün auf das dritte Auge strahlen.

2. Türkis auf das Kehlkopfchakra (Schilddrüse).
3. Gelb auf die Leber.
4. Violett auf die Milz.
5. Orange auf die Mitte der Schamhaargrenze.
6. Rot auf das Steißbein beziehungsweise Kreuzbein strahlen.

Asthma

Während eines Anfalls:

1. Purpur als Zonenbestrahlung auf dem Hals und auf der Brust.
2. Scharlach als Spotbestrahlung auf die Nieren.
3. Orange als Zonenbestrahlung auf Hals und Brust.

Zwischen den Anfällen:

1. Magenta auf Nieren, Brust und Rücken.
2. Orange auf Hals und Brust.

Bei chronischem Asthma:
Lemon statt Orange.

Blähungen

1. Orange rund um den Bauchnabel.
2. Orange als Spotbestrahlung auf Leber und Bauchspeicheldrüse.

Blasenbeschwerden

Orange an die Nieren strahlen.
Bei Bettnässen:

1. Indigo auf das dritte Auge.
2. Indigo links und rechts auf die Leisten.

Blutarmut

Rot auf die Leber strahlen.

Blutdruckregulierung

Bei zu hohem Blutdruck:

1. Purpur auf das Herz und auf die Nieren strahlen.
2. Blau unter die Achselhöhlen.

Bei zu niedrigem Blutdruck:

1. Scharlachrot auf das Herz und auf die Nieren.
2. Gelb oberhalb des Herzens, links oben zwischen Herz und Schlüsselbein strahlen, mit Pyramidenfokus.

Blutzuckerausgleich

Bei Unterzucker (Hypoglykämie):

1. Lemon auf Thymusdrüse, Brustbein und Solarplexus.
2. Grün auf das dritte Auge (Pyramidenfokus).
3. Orange auf das Kehlkopfchakra (Schilddrüse).
4. Rot auf die Leber strahlen.
5. Violett auf die Bauchspeicheldrüse und die Nieren (mit Pyramidenfokus).
6. Gelb um den Bauchnabel herum strahlen.

Bei Überzucker (Neigung zu Diabetes):

1. Lemon auf Thymusdrüse, Brustbein und Solarplexus.
2. Gelb auf Leber, Bauchspeicheldrüse und um den Bauchnabel herum strahlen.
3. Magenta vorn auf die Spitze der großen Zehen. Oft wird bei Überzucker ein Mangel an Chrom festgestellt.

Bronchitis

Bei akuter Bronchitis:

1. Türkis als Zonenbestrahlung auf die Brust.

2. Violett bei trockenem Husten (auf genügend Luftfeuchtigkeit achten).

Bei chronischer Bronchitis:

1. Lemon als Farbakupunktur auf die Thymusdrüse.
2. Blau danach ebenso.
3. Violett bei trockenem Husten.

Zur Genesung:

1. Lemon als Farbakupunktur auf die Thymusdrüse.
2. Gelb als Farbakupunktur zwischen die Schulterblätter am Rücken.
3. Türkis als Zonenbestrahlung auf die Brust.

Brüche (Ausheilen von Brüchen)

Lemon langanhaltend auf die betroffenen Stellen strahlen.

Durchfall

Kamillentee mit Salz, um Flüssigkeits- und Salzverlust auszugleichen (nur, wenn keine medizinische oder homöopathische Behandlung erfolgt).

1. Gelb auf Magen und Darm strahlen.
2. Türkis danach auf dieselben Stellen.
3. Indigoblau, falls nach Bestrahlung mit 1. und 2. nach 24 Stunden keine Reaktion eintritt.

Wichtig: viel Flüssigkeit und Kalium phos. D 6 (21 Tabletten in heißem Wasser).

Entgiftung (auch von Medikamenten und Drogen)

1. Lemon auf die Thymusdrüse.
2. Rot auf die Leber.
3. Violett auf das Scheitelchakra und an die Milz.
4. Gelb auf die Nieren.

Erbrechen

Viel Wasser trinken, bis man nur noch Wasser erbricht.

1. Orange auf Magen strahlen zur Entkrampfung.
2. Indigoblau auf Magen zur Beruhigung bei Würgegefühl.

Bei Vergiftung ins Krankenhaus oder Notarzt holen.

Erkältung

1. Lemon auf die Thymusdrüse.
2. Gelb auf das untere Ende des Brustbeins.
3. Violett auf die Milz.

Fastenkur

Zur Unterstützung von Fastenkuren siehe »Entgiftung«, sowie zusätzlich Rot mit Pyramidenfokus auf einen Akupunkturpunkt strahlen, oben am Unterarm, zwischen Elle und Speiche, circa 2,5 Zentimeter vom Handgelenk entfernt (Akupunkturpunkt 3E6); sowie auf weitere, Akupunkteuren bekannte Punkte (zum Beispiel Magen 25).

Fettleibigkeit

1. Lemon auf die Thymusdrüse (mit Pyramidenfokus) sowie auf die gesamte Vorderfront mit Zonen- oder Ganzkörperbestrahlung (notfalls nur auf Brustbein und Solarplexus).
2. Grün auf das dritte Auge.

Bei Schilddrüsenunterfunktion zusätzlich: Orange auf die Schilddrüse.

Bei Keimdrüsenunterfunktion zusätzlich: Scharlachrot auf die Mitte der Schamhaargrenze und auf die Mitte der Nieren.

Bei starken Hungergefühlen und Wasseransammlungen zusätzlich: Scharlachrot auf die Nieren. Bei Wasseransammlung muss man übrigens viel trinken.

Fieber

Blau auf die Schädeldecke strahlen.

Gallebeschwerden, Gallensteine

1. Lemon mit Farbakupunktur auf Galle.
2. Orange danach ebenfalls dorthin zur Weitung.
3. Grün bei Koliken.

Gastritis, Magenkrämpfe

Bei akuten Beschwerden:

1. Orange auf den Magen.
2. Türkis danach ebenfalls auf den Magen.
3. Indigo zur Beruhigung auf das dritte Auge und auf den Bauch (besonders für Raucher).

Bei chronischer Gastritis:

1. Lemon auf den Magen strahlen.
2. Orange danach auf die gleiche Stelle.

Geburt

Bei schwachen Wehen:

1. Grün auf das dritte Auge.
2. Scharlachrot auf die Mitte der Schamhaargrenze.

Bei starker Blutung nach Geburt:

1. Scharlachrot auf die Mitte der Schamhaargrenze (nur sehr kurz, etwa drei Sekunden mit Pyramidenfokus).
2. Indigo danach ebenfalls dorthin, aber länger.

Nachdem die Blutung nachgelassen hat: Grün und Magenta im Wechsel auf die Mitte der Schamhaargrenze.

Zur Förderung des Milchflusses (Stillen):
Orange auf die Brüste.
Zur Minderung des Milchflusses: Indigo auf die Brüste strahlen.

Gelenkschmerzen

1. Lemon auf die betroffenen Gelenke.
2. Indigo danach auf dieselben Stellen.

Gleichgewichtsstörungen

1. Violett auf den Scheitel strahlen.
2. Grün in die Ohren.

Haarausfall

1. Orange mit Pyramidenfokus auf vom Haarausfall betroffene Stelle(n).
2. Lemon mit Pyramidenfokus auf die Thymusdrüse.
3. Magenta wahlweise mit Pyramidenfokus (kurz!) auf das Scheitelchakra oder als Zonenbestrahlung auf Gesicht, Kopf und Brust strahlen (kurz!).

Achten Sie auch auf emotionale Hintergründe für den Haarausfall.

Halsschmerzen

Bei akuten Beschwerden:

1. Grün mit Pyramidenfokus auf die betroffene Stelle.
2. Blau auf das dritte Auge, mit Pyramidenfokus.

Zusätzlich bei Fieber:

3. Blau mit Pyramidenfokus auf betroffene Halsstelle strahlen.

Zusätzlich bei Kopfschmerzen:

4. Purpur auf das dritte Auge strahlen, mit Pyramidenfokus (kurz!).

Bei chronischen Halsschmerzen: Lemon mit Pyramidenfokus an die Thymusdrüse.
Für ausreichende Luftfeuchtigkeit sorgen! Nicht rauchen, auch nicht passiv mitrauchen!

Hämorrhoiden

1. Lemon zwischen die Schulterblätter strahlen, am besten mit Pyramidenfokus.
2. Indigo auf das Kreuzbein.

Überprüfen Sie, ob Verstopfung oder Leberschwäche als Ursachen in Frage kommen.

Hautallergien

1. Grün auf die betroffenen Hautstellen strahlen, bei Empfindlichkeit nicht im direkten Hautkontakt.
2. Violett auf die Mitte des Scheitels.
3. Gelb an die Nieren.

Heiserkeit

1. Indigo auf das dritte Auge mit Pyramidenfokus strahlen.
2. Indigo auf den Hals als Spot beziehungsweise Zonenbestrahlung.

Auch auf Raucherbelastung oder Passivrauchen achten!

Herzbeschwerden

Bei zu schnellem Herzschlag (Tachykardie):

1. Türkis im Wechsel mit Magenta mit Pyramidenfokus auf das Herz.
2. Purpur auf das Herz, die Nieren und die ganzen Füße.

Bei zu langsamem Herzschlag (Bradykardie):

1. Lemon im Wechsel mit Magenta mit Pyramidenfokus auf das Herz.
2. Scharlachrot auf Herz, Nieren und die Füße.

Zur Unterstützung bei Angina-pectoris-Anfällen:

1. Lemon im Wechsel mit Magenta, siehe oben.
2. Während des Anfalls Purpur auf das Herz (am besten mit Pyramidenfokus).

Auf jeden Fall kompetente Behandler aufsuchen!

Heuschnupfen

Bei akuten Beschwerden:

1. Türkis an beide Nasenflügel mit Pyramidenfokus.
2. Blau auf das dritte Auge, ebenfalls mit Fokus.

Bei chronischen Beschwerden:

Lemon an beide Nasenflügel mit Pyramidenfokus.

Husten siehe »Bronchitis«

Impotenz, Unfruchtbarkeit

Bei Mangel an sexuellem Verlangen:

1. Grün auf das Herzchakra.
2. Orange auf das untere Ende des Brustbeins.
3. Magenta und Scharlachrot im Wechsel auf die Mitte der Schamhaargrenze.
4. Magenta auf die Nieren.

Kehlkopfentzündung

Bei akuten Beschwerden:

1. Türkis mit Pyramidenfokus auf Kehlkopf.

Zusätzlich bei Schmerzen:

2. Violett mit Pyramidenfokus auf Kehlkopf.

Bei chronischen Beschwerden:
1. Lemon mit Pyramidenfokus auf Kehlkopf.
2. Blau mit Pyramidenfokus auf Kehlkopf.
Bei Kehlkopfentzündung mit Schwellung:
1. Magenta auf die Schwellung (nur kurz).
2. Scharlachrot auf die Nieren.
3. Türkis auf den Hals.
Hohe Luftfeuchtigkeit ist Voraussetzung für eine Genesung.

Kopfschmerzen
Bei allgemeinem Kopfschmerz:
Türkis auf den Bereich des Kopfes, an dem die Schmerzen empfunden werden.
Bei nervösem Kopfschmerz:
1. Violett auf das Scheitelchakra mit Pyramidenfokus.
2. Purpur auf die Brust als Zonenbestrahlung.
Bei Schläfenkopfschmerz:
Grün in die Mitte der Augenbrauen.
Bei Migräne und Gefäßverkrampfung:
1. Scharlachrot auf das Scheitelchakra.
2. Purpur auf die Brust.
Falls ein falscher Aufbiss Ursache für Migräne ist, bitte einen Zahnarzt aufsuchen!

Krampfadern
Lemon, danach Magenta, danach Indigo im Wechsel direkt auf die Krampfadern.

Kreislaufbeschwerden und Kreislaufkollaps
Magenta auf das Herz und auf den »Wiederbelebungspunkt« direkt unter dem Nasenansatz in der Mitte oberhalb der Oberlippe.

Lähmungserscheinungen
Gelb auf die vordere Schädeldecke strahlen (zur Stimulierung des motorischen Nervensystems).

Leber-Galle-Beschwerden
Bei akuter Leberschwäche:
Rot mit Pyramidenfokus auf die Leber.
Bei chronischer Leberschwäche:
1. Lemon als Farbakupunktur auf die Leber selbst oder auf die Akupunkteuren bekannten Leberpunkte.
2. Rot auf die Leber.

Falls Bauchwassersucht (Aszites) hinzukommt:
3. Zusätzlich Indigo auf die Leber.

Bei Leber- und Gallebeschwerden beziehungsweise -entzündungen:
Abwechselnd die Farbe Grün und Blau auf Leber und Galle (oder deren Akupunkturpunkte).
Zur allgemeinen Unterstützung der Leberfunktion:
Gelb auf die Leberpunkte in die Mitte der unteren Rippenbögen.

Libido (siehe auch »Impotenz«)
Bei zu starkem sexuellen Verlangen:
1. Türkis auf das untere Ende des Brustbeins.
2. Purpur und Magenta im Wechsel auf die Mitte der Schamhaargrenze.
3. Purpur auf die Nieren.

Lungenfunktionsunterstützung
Gelb und Orange im Wechsel auf die Lunge.
Bei fieberhaften Zuständen:
1. Grün und Blau im Wechsel auf die Brust.
2. Blau auf den Rücken, gegenüberliegend.

Bei chronischer Lungenschwäche:
1. Magenta auf Brust und Nieren.
2. Lemon mit Pyramidenfokus auf die Thymusdrüse.
3. Gelb und Orange im Wechsel auf den Rücken, in Höhe der Lungenflügel.

Zum Abschluss einer Genesungsphase:
Türkis auf den Rücken.

Lymphstau
Gelb auf die betreffende Lymphstauung.

Magenverstimmung (Magenkatarrh)
1. Orange auf den Magen.
2. Türkis zum Abschluss ebenfalls auf den Magen.

Menses
Bei Ausbleiben der Menses:
1. Grün auf das dritte Auge, Pyramidenfokus.
2. Lemon und Scharlachrot in die Mitte der Schamhaargrenze.
3. Magenta an die Nieren.

Bei Krämpfen:
1. Orange auf die Mitte der Schamhaargrenze.
2. Scharlachrot auf die Nieren.

Zur Weiterbehandlung zwischen den Perioden:
1. Lemon im Wechsel mit Magenta auf die Mitte der Schamhaargrenze.
2. Magenta auf die Nieren.

Bei Schmerzen während der Menses:
Indigo auf die Mitte der Schamhaargrenze.
Zur Weiterbehandlung zwischen den Perioden:
1. Lemon und Magenta im Wechsel auf die Mitte der Schamhaargrenze.

2. Indigo längere Zeit auf die Mitte der Schamhaargrenze.

Bei zu starken Blutungen dieselbe Farbtherapie wie bei Schmerzen.

Bei Unregelmäßigkeit:

1. Grün auf das dritte Auge.
2. Lemon und Magenta im Wechsel auf die Mitte der Schamhaargrenze.

Menopause

Ich muss mich an dieser Stelle mit kurzen Stichworten begnügen. In meinem Buch *Naturheilbuch für Frauen - ein einfaches Nachschlagewerk zur Hilfe bei Frauenbeschwerden von jung bis alt* (siehe Anhang) finden Sie ausführliche Erläuterungen der verschiedenen Befindlichkeiten vor.

1. Grün auf das dritte Auge, zur Aktivierung der Hypophyse, mit Pyramidenfokus.
2. Magenta auf das Kreuzbein strahlen, um zur Anregung der hormonproduzierenden Drüsen beizutragen.

Milzstau

Violett auf die Milz, am besten mit Pyramidenfokus.

Mundschleimhautentzündung

1. Von außen und innen mit Grün bestrahlen.
2. Türkis ebenfalls von außen und innen.

Muskelverkrampfungen (Muskelkater)

Orange auf die betroffenen Muskelpartien.

Nasenbluten
Bei akutem Bluten: Indigo auf Nasenflügel und Nackenpunkt mit Pyramidenfokus.
Bei chronischem Nasenbluten:
1. Lemon auf Nasenwurzel mit Pyramidenfokus.
2. Magenta danach ebenfalls dorthin.
Prüfen, ob Vitamin-C-Mangel vorliegt und/oder zu niedrige Luftfeuchtigkeit herrscht.

Verstopfte Nase (auch bei dadurch bedingter Geruchsminderung)
1. Lemon seitlich auf die Nasenflügel.
2. Scharlachrot danach ebenfalls dorthin.
3. Grün zum Abschluss wiederum dorthin.

Nebennieren
Bei Überaktivität:
1. Purpur auf die Stelle oberhalb der Nieren.
2. Grün auf das dritte Auge.
Bei Unterfunktion:
1. Lemon auf die Stelle oberhalb der Nieren.
2. Scharlachrot ebenfalls dorthin.

Nervenentzündung
1. Türkis auf die betroffene Stelle.
2. Indigo danach ebenfalls dorthin.

Nierenfunktion
Gelb auf die Nieren, Pyramidenfokus.

Nierenbeschwerden
Bei akuten Beschwerden:
1. Türkis auf die Nieren.

2. Scharlachrot danach ebenfalls dorthin.
3. Magenta auf der Vorderseite des Rumpfes, auf Höhe der Nieren.

Bei chronischen Beschwerden:
1. Lemon im Wechsel mit Scharlachrot auf die Nieren.
2. Magenta wiederum auf die Vorderseite; siehe oben.

Bei Urinverhalten:
Scharlachrot im Wechsel auf die Nieren.
Bei Nierensteinen:
Lemon und Magenta im Wechsel auf die Nieren.
Wie bei allen aufgeführten Stichworten gilt auch hier, dass Farbtherapie eine Maßnahme unter möglicherweise mehreren ist und bei allen ernsthaften Beschwerden auf jeden Fall sachkundige medizinische Hilfe gesucht werden sollte!

Prostata

1. Türkis auf die Stelle oberhalb des Penisansatzes.
2. Blau auf die Mitte der Schamhaargrenze und auf das Steißbein.

Bei chronischen Beschwerden:
Mit Lemon beginnen.
Reinigung:
Violett auf Milz, mit Pyramidenfokus.

Rückenschmerzen in der Nierengegend

1. Magenta an die Nieren.
2. Gelb danach ebenfalls dorthin.
3. Orange wiederum dorthin.

Schluckauf

Orange mit Pyramidenfokus auf Brustbein und eventuell auf den Magen (Solarplexus).

Schluckbeschwerden

Bei Schleim: Violett mit Pyramidenfokus direkt auf den Kehlkopf.

Bitte lesen Sie die Hinweise unter dem Stichwort »Kehlkopfentzündung«, die sinngemäß auch hier gelten.

Schmerzen aller Art

1. Indigo auf die betroffene Stelle.
2. Indigo genau auf die Stelle zwischen 2. und 3. Zeh oben am Zehenansatz (Akupunkturpunkt Magen 44).

Schnupfen

Bei akutem Schnupfen:

1. Scharlachrot auf beide Nasenflügel.
2. Grün und Blau ebenfalls dorthin.

Bei chronischem Schnupfen:

1. Lemon auf beide Nasenflügel.
2. Scharlachrot auf beide Nasenflügel.

Bei fließendem Schnupfen siehe »Heuschnupfen«.

Schreikrampf bei Kindern

1. Lemon mit Pyramidenfokus auf die Thymusdrüse.
2. Indigo auf den Kehlkopf.
3. Orange dorthin, wo der Krampf empfunden wird.

Schwächegefühl, allgemeines

1. Orange zwei Finger breit unterhalb des Nabels mit Pyramidenfokus bestrahlen (Harapunkt).
2. Rot auf das Steißbein.
3. Blau im Wechsel mit Violett auf die Mitte des Rückens, gegenüber dem Solarplexus.

Schwangerschaftserbrechen
1. Türkis auf den Solarplexus.
2. Indigo zwei Finger breit unterhalb des Nabels (Harapunkt).

Tragen Sie auf keinen Fall hohe Absätze.

Schwellungen und Prellungen
Indigo auf die betroffene Stelle.

Schwindel
1. Grün mit Pyramidenfokus auf das dritte Auge und auf das Herzchakra.
2. Purpur auf oder in die Ohren strahlen.

Bei wiederholtem Schwindel ist natürlich eine fachkundige Untersuchung notwendig.

Stillen siehe »Geburt«

Störzonenbelastungen (elektromagnetischer oder radioaktiver Art)
1. Türkis an das Kehlkopfzentrum, Pyramidenfokus.
2. Grün auf die Mitte des Scheitels.

Lassen Sie die Störquelle suchen und ausschalten, stellen Sie Bett oder Arbeitsplatz um, wenden Sie sich an einen seriösen Rutengänger.

Stoffwechselanregung siehe »Allgemeine Anregung«

Tumore
1. Lemon mit Pyramidenfokus auf die Thymusdrüse.
2. Indigo langanhaltend auf die betroffene Stelle.

Selbstverständlich wird eine fachkundige, möglichst an der Naturheilkunde orientierte medizinische

Behandlung nicht durch Farbtherapie unnötig gemacht. Es gibt aber in der Praxis immer wieder Fälle, bei denen eine geeignete Farbtherapie auch bei Tumoren Wirkung zeigt.

Verdauungsschwierigkeiten, Verstopfung

1. Rot mit Pyramidenfokus auf die »Maus« zwischen Daumen und Zeigefinger (jener kleine Hügel, der entsteht, wenn man den Daumen eng an den Zeigefinger legt).
2. Gelb auf Leber und Bauchspeicheldrüse.
3. Orange um den Bauchnabel herum.
4. Falls die Verstopfung chronisch ist, mit Lemon vor Rot mit der Akupunkturbestrahlung auf der »Maus« beginnen.

Siehe auch »Durchfall«.

Verspannungen entlang der Wirbelsäule

1. Orange auf die betreffenden Partien.
2. Magenta ebenfalls dorthin.

Warzen

Mir ist ein Fall bekannt geworden, bei dem eine länger anhaltende Bestrahlung mit der Farbe Violett über den Pyramidenfokus zu einer »Spontanheilung« geführt hat. Generell werden mit Grün gute Erfolge erzielt.

Wucherungen (»Polypen«, adenoide Wucherungen in Nase oder Unterleib)

1. Lemon auf die betreffende Stelle sowie mit Pyramidenfokus auf die Thymusdrüse.
2. Indigo danach ebenfalls auf die betroffene Stelle, lang anhaltend.

Würmer

Gelb und Lemon im Wechsel rund um den Bauchnabel.

Wunden (Ausheilung von Wunden)

1. Indigo auf die Wunde (ohne Hautkontakt), bis die Blutung stoppt.
2. Grün im Wechsel mit Türkis und Magenta auf die Wunde.

Zahnfleischentzündung

Bei akuten Entzündungen:

1. Türkis auf die betroffene Stelle im Mund mit Pyramidenfokus, aber ohne Hautberührung (!).
2. Indigo auf das dritte Auge.

Bei chronischen Entzündungen:

1. Lemon auf die betroffene Stelle im Mund (ohne Hautberührung) und auf die Thymusdrüse.
2. Türkis danach ebenfalls auf die betroffene Stelle.
3. Indigo auf das dritte Auge.

Prüfen, ob Sie genügend Vitamine erhalten.

Zahnschmerzen

1. Grün auf die betroffene Stelle im Mund beziehungsweise am Zahn strahlen, ohne Hautberührung, mit Pyramidenfokus. Grün auch auf den »Zeigefingerpunkt« oder »Zahnschmerzpunkt«, seitlich am Fingernagel der Zeigefinger neben dem Halbmond, jeweils auf der Daumenseite.
2. Indigo auf das dritte Auge.

Beim Zahnen von Kleinkindern hilft Orange an der Stelle, an der der neue Zahn erscheinen soll, am besten im Wechsel mit Grün.

Natürlich sollten Sie im Bedarfsfall Ihren naturheilkundlich orientierten Zahnarzt aufsuchen. Den Druckpunkt am Fingernagel zu aktivieren ist aber jedenfalls besser, als mit schmerzstillenden Spritzen den Organismus zu belasten.

Psychosomatische Beschwerden

Bei psychosomatischen Beschwerden sind besonders die Bach-Blüten eine hervorragende Ergänzung der Farbtherapie. (Zur näheren Information über die Heilung mit Bach-Blüten-Essenzen verweise ich auf mein Buch *Die richtige Schwingung heilt.*)

Angst
Gelb auf das untere Ende des Brustbeins.

Große Anspannung durch ungelöste Probleme
(eventuell auch bei Bettnässen)
Indigo zwischen den Augenbrauen, mit Pyramidenfokus.

Depressionen
Orange vorn auf die Mitte der beiden großen Zehen.

Einsamkeit
Grün auf den letzten Brustwirbel am Rücken.

Konzentrationsstörungen
1. Lemon auf die Schädeldecke.
2. Gelb vorn auf die Mitte der beiden großen Zehen.

Lernunlust
Gelb vorn auf die Mitte der beiden großen Zehen.

Lethargie siehe »Aktivität«

Nervosität

1. Türkis auf die Schilddrüse bei Überaktivität.
2. Grün und Rosa im Wechsel auf das Herzchakra, wenn die Nervosität am Herzen spürbar ist.
3. Grün rund um den Bauchnabel, wenn die Nervosität im Bauch spürbar ist.

Partnerschaftsprobleme
Zur Harmonisierung von Emotionen:
Magenta auf die Nebennieren, oberhalb der Nieren.

Prüfungsangst
Gelb auf das untere Ende des Brustbeins.

Schlafstörungen

1. Purpur auf die Nebennieren.
2. Blau auf das dritte Auge.

Traurigkeit, Melancholie siehe »Depressionen«

Vergesslichkeit
Lemon auf die Mitte des Scheitelchakras.

Verzweiflung

1. Grün auf das Herzchakra.
2. Orange zwischen die Schulterblätter.

Archetypische Bedeutungen von Farben

9

Was wissen wir unbewusst schon immer über Farben?

Nachdem Sie nun die vielfältigsten Erfahrungen mit den Heilwirkungen von Farben und Ihren eigenen Reaktionen auf Farbstrahlungen gemacht haben, möchte ich Ihnen zum Abschluss eine Übersicht über die historische und archetypische Symbolik von Farben geben. Nutzen Sie die Möglichkeit, Ihr eigenes Farbempfinden in dem übergeordneten geschichtlichen und sogar vorgeschichtlichen Rahmen verankert zu sehen und in Ihrem Leben Spuren alter Traditionen zu erkennen.

Farben haben eine symbolische Bedeutung

Rot wie Blut

Seit ältester Zeit gilt Rot als die Farbe des Blutes und steht somit in enger Beziehung zu Opferungen. Ein Blutopfer wurde gebracht, um Leben zu erhalten und als Ritus zur Lebenserneuerung. Blut wurde vielfach als der Sitz der Seele betrachtet. Es wurde nicht achtlos vergossen, sondern bewusst verströmt als Hingabe des vitalen Lebens, aber auch zur Steigerung der Vitalität. In rotem Blut sind Tod und Leben miteinander verbunden: Auch während der Geburt, die für uns den Eintritt ins Leben symbolisiert, fließt Blut. Mit Christi Opfertod hat sich das Opfersymbol erst vervollständigt: Opfer bedeutet Blut, unabhängig davon, ob wirklich Blut vergossen wird. Gleichnishaft wird Christi Blut im Wein getrunken.

Rot steht auch für das Feuer

Gleichzeitig steht Rot auch für das Feuer. In übertragenem Sinne wird die Feuersymbolik auf die menschliche Begeisterungsfähigkeit und auf die Gabe, »feurige« Reden zu halten, bezogen. In diesem Zusammenhang steht die Vorstellung von blitzartiger Erleuchtung, von geistigem, emotionalem und körperlichem Entbrennen. Dies wird verdeutlicht in dem alten deutschen Wort »Brunst«, das Brennen in Leidenschaft, Eros und gleichzeitig Feuerkraft bezeichnet. Man spricht auch heute noch davon, dass jemand »kocht«. Inneres Rot spiegelt die vernichtende Hitze des Feuers wider, und es dient gleichzeitig der Läuterung. So wurden im Mittelalter die – rothaarigen – »Hexen« durch Feuer auf dem Scheiterhaufen verbrannt, das sie vom Rot-Teuflischen reinigen sollte.

In der griechischen Mythologie wird mit Rot eine gleichzeitig zerstörerische und schöpferische Kraft assoziiert. Bezeichnenderweise gehen der Kriegsgott Ares und die Liebesgöttin Aphrodite, beide dem roten Bereich zugehörig, eine Verbindung ein, als deren Ergebnis Harmonie gezeugt wird.

Die rote Farbe spielte bei den verschiedenen Völkern eine wichtige Rolle, sei es als Abwehrzauber gegen dämonische Einflüsse, in Mannbarkeitsriten, bei Hochzeiten als Brautschleier, in der Priesterkleidung, als Liebeszauber oder als Heilfarbe.

In unserer Zeit wird Rot, besonders in der Psychologie, als wesentliche Harmoniekraft zwischen Aggression und Liebe (wieder-)entdeckt, wobei man davon ausgeht, dass wirkliche Liebesfähigkeit erst durch Zulassen und Ausagieren von eigenen Aggressionen erreicht wird.
Politisch drückt sich in der Rot-Symbolik Solidarität mit den Unterdrückten (sozialistische Freiheitsbewegungen), aber auch durch Frustration hervorgerufene Radikalisierung aus, etwa als Farbe der terroristischen Gruppen »Rote Armee Fraktion« in Deutschland und »Rote Brigaden« in Italien.

Die blaue Blume

Das wohl berühmteste Symbol für die Farbe Blau ist das der »blauen Blume« der Romantik. In Novalis' Roman *Heinrich von Ofterdingen* steht die blaue Blume für Zärtlichkeit: Sie öffnet die Phantasie für ein geliebtes Du, das Blau ist dort die Farbe, in der das (Seelen-)Bild des geliebten Menschen erscheint und der Eros erwacht.

Im Blau erwacht das Seelenbild des geliebten Menschen

Blau ist die Farbe des in unbegrenzte Ferne reichenden, die Erde gleichzeitig schützend überspannenden Himmels sowie der tiefen Seen und Meere. Es ist die Farbe der Sehnsucht, des Wunderbaren, des Fernwehs, des Traums. Je nach Farbton und -tiefe kann es auch als deprimierend, ernst und traurig empfunden werden.
Für Lüscher besteht ein Zusammenhang zwischen Blau und »entspannter Empfindsamkeit«, die das »Ideal der Einheit« suche. Dem Grundton dieser

Farbe entspreche Geborgenheit, Hingabe und Zärtlichkeit und eine religiös-philosophisch-meditative Haltung. Bekannt ist die Zuordnung von Blau zur Eigenschaft der Treue. Für Lüscher repräsentiert Dunkelblau bestimmte Grundbedürfnisse, wie das nach Ruhe, Befriedigung, Zufriedenheit und Frieden.

Blau führt zum eigenen Zentrum

Für Goethe hingegen geht vom Blau eine »unruhige weiche, sehnende Empfindung« aus. Der Maler Kandinsky nennt Blau »die Vertiefungsfarbe«, die in ihrer Bewegung vom Menschen weg und zum eigenen Zentrum, in die Unendlichkeit, hinführe, die eine Sehnsucht nach Reinem und Übersinnlichem wecke. Blau hat deutliche Symbolfunktion für Kleider. Wir assoziieren sowohl edle Stoffe wie Samt und Seide mit dieser Farbe der Götter und Könige als auch grobe Stoffe der Arbeitskleidung von Handwerkern; wir denken ebenso an die Bluejeans, die sowohl Gruppenzugehörigkeit als auch Individualität ausdrücken können, wie an die ideologisch besetzten Blauhemden der FDJ oder an die blaue Einheitstracht eines großen Teils der chinesischen Bevölkerung, von der man auch als den »blauen Ameisen« spricht. In den letztgenannten Fällen steht Blau für das gleichmachend Uniformierende alltäglicher Kleidung.

Symbolhaft wird Blau zur Mittlerfarbe zwischen himmlischer und irdischer Sphäre, Gott und Mensch. Daher wird es oft als Farbe metaphysischer Transzendenz gesehen. Als Farbe der Meerestiefe spiegelt es auch die Tiefen des eigenen Unbewussten wider. In christlicher Malerei werden Maria als Himmelskönigin und auch Christus mit blauem Mantel dargestellt. Er symbolisiert Schutz, Vertrauen, Liebe und Hingabe. Im alten Ägypten wurden Grabkammern

der Könige in Blau gehalten, damit die Toten in Gottesnähe gebettet werden konnten. Auch in anderen alten Religionen, im Hinduismus und tibetischen Buddhismus stellt Blau eine Farbe der Götter dar.
Als politisches Symbol tritt Blau seltener auf. In der französischen Trikolore steht es für Freiheit, in der Fahne der europäischen Gemeinschaft bildet Blau den für Einheit stehenden Untergrund. Gleiches ließe sich auch für die Flagge der Vereinten Nationen sagen.

Die goldgelbe Sonne

Gelb ist die Farbe der Sonne, des Sommers, des Lichts. Gelb bedeutet Wärme, Reifheit, Ernte. Es ist eine ambivalente Farbe, die neben den positiven Konnotationen von gelben Blumen, Früchten, Tieren, Edelsteinen und natürlich Gold in der Natur auch einen negativen Ausdruckswert hat. Wenn das Gelb in den Grünbereich geht, also grell und lemongetönt ist, wird es häufig mit Krankheit, Eiter, scharfer Säure, Galle und Harn in Verbindung gebracht.
Jedoch die positive, aktive Tönung ist vorherrschend. Gelb führt für Goethe in ihrer höchsten Reinheit immer die Natur des Hellen mit sich und besitzt eine heitere, bunte, sanft reizende Eigenschaft. In ihr triumphiere das Licht in der Farbe. Allgemein wird dem Gelb prangende Fülle, Antriebsstärke und Aktivität, bei besonderer Grellheit auch Aufdringlichkeit, Frechheit, Gewalt, Neid, Falschheit und Stolz zugeschrieben. Dem sehr breiten Spektrum zwischen dem grünlich kalten Zitronengelb und dem weichen, röt-

Gelb hat eine heitere, bunte, sanft reizende Eigenschaft

lich warmen Goldgelb entsprechen die zwiespältigen, teilweise widersprüchlichen Interpretationen dieser Farbe, die von Heiligkeit göttlicher Offenbarung bis hin zur Farbe für Ausgestoßene und Gebrandmarkte und sogar zur Farbe des Todes reichen.

Sonnengelb symbolisiert Licht, Wachsen, Fruchtbarkeit

Das Sonnengelb symbolisiert Licht, Wachsen, Fruchtbarkeit, Vegetation, Erhellung, Ausweitung, Erleuchtung. Von einer großen Anzahl gelber Blumen ist die starke Heilkraft umfangreich überliefert: die goldgelbe Zwiebel des Türkenbundes gegen Melancholie und Gemütskrankheiten, die gelben Blüten der Strohblume gegen Nierenleiden und Wassersucht, Schlüsselblumen gegen Fieber, die Wurzeln der Königskerze gegen Schlaganfälle und vieles mehr. Mit den gelben Frühlingsblumen tauchen die ersten gelben Küken auf, nicht zufällig ist das Osterei Symbol jungen Lebens. Als Zeichen der Reife schlägt sich Goldgelb im reifen Korn nieder, im Mais, in gelben Obstsorten wie Bananen, Äpfeln, Birnen und anderen. Und schließlich flammt Gelb in seinen schönsten und wärmsten Tönen im Herbstlaub noch einmal auf.

Im Negativspektrum der kalt-grellen Gelbtöne drücken sich Krankheiten wie Gelbsucht, Nierenleiden, Übelkeit und Vergiftungen aus. Als Ausdruck von Verfälschtem, Vergiftetem werden bestimmte Gelbnuancen sprichwörtlich Falschheit, Neid und Lüge zugeordnet. Gelb wird auch mit Krankheiten wie Epilepsie, Wahnsinn und Schizophrenie in Verbindung gebracht. Schizoide Maler wie Kurt Wölffli und Vincent van Gogh malten bevorzugt mit Gelb. Besonders van Gogh war ein Meister der Gelbvariationen, und für ihn bedeutete Gelb häufig Verbrennen und Tod.

Gelb ist Signalfarbe: im Straßenverkehr, auf hoher See, für die Postkutschen ehemals, für die Postautos noch heute. Gelb ist eine Farbe der Aussonderung: für Blinde, ehemals als Kennzeichnung für Prostituierte, für Juden. Im Schwefelgelb liegt eine Gelbtönung vor, die mit Luzifer verbunden wird.
Als Farbe der Sonne und des Lichtes ist Gelb in Asien eine heilige Farbe, die auch das Machtsymbol trägt. Im Buddhismus ist Gelb die Farbe der Spiritualität.
In christlicher Symbolik ist Gelb beziehungsweise Gold die Farbe der Offenbarung, Ewigkeit und Unsterblichkeit. Christus gilt als der Lichtbringer, Zeichen von Heiligkeit ist der goldene Strahlenkranz.
Archetypisch ist Gelb die Farbe des Ursprungs, der elementaren Schöpfung des Lichtes durch die Trennung von der Dunkelheit.

Grün ist das Leben

Grün ist die Farbe der Natur, von Wiesen, Wäldern, grüner Vegetation. In alten Märchen, Mythen und Volksliedern wird Grün mit Wärme und Leben, mit Wiedergeburt und neuem Anfang, mit der Undurchdringlichkeit der Lebensfülle und mit Schutz in Verbindung gebracht.

Grün hat eine harmonisierende und ausgleichende Wirkung

Goethe beschrieb die harmonisierende und ausgleichende Wirkung des Grün. Für ihn ist es eine wohltuende, positiv beruhigende Farbe. Nach Lüscher liegt der psychologische Ausdruckswert von Grün in »Willens-Spannkraft«, Ausdruck für Selbstbehauptung, Ausdauer, Selbstschätzung und Selbstsicherheit. Die psychische Wirkung von Grün beschreibt er als »konzentrisch, autonom; zugleich defensiv, sichernd, besitzend und beharrend«. Grün ist dort negativ besetzt, wo es ins Gelbgrüne oder Giftiggrüne hinüberreicht, und wird dann mit Begehrlichkeit und (giftiger) Triebhaftigkeit assoziiert.

Die Urerfahrungen, die Menschen mit einer Farbe haben, hängen von der Region ab, in der sie leben. So gehören für den Mitteleuropäer die positiv empfundenen Wiesen- und Baumgefühle (Sättigung, Wachsen, Entwicklung, Zufriedenheit) ebenso zur Grün-Symbolik wie das Waldgefühl (Schatten und Schutz, aber auch die Verbundenheit mit den tiefen Schichten des eigenen Unterbewusstseins). Bei Wüstenvölkern verkörpert das nur selten, zum Beispiel in einer Oase, auftauchende Grün das Leben schlechthin. Urwald- und Dschungelvölker erleben das Grün noch anders. Auch für sie bedeutet es Wachstum, Fruchtbarkeit und Leben, aber gleichzeitig repräsentiert es den ewigen Kampf gegen die wuchernde Natur, die es zu zügeln und zu beschneiden gilt. Dort wird die grüne Natur als verschlingende Übermacht, aber auch als »Große Mutter« empfunden.

Grün symbolisiert das Leben

Für die erste schreibende Ärztin des Mittelalters, Hildegard von Bingen, war die Grün-Kraft, die »Viriditas«, der Ausgangspunkt ihrer Heilkunde. Vom Grün gehe die Heilkraft Gottes aus. Für die Kabbalisten stellt Grün eine Farbe ausgleichender Barmherzigkeit und göttlicher Gnade dar.

Nach alten Mythen überwintern die grünen Vegetationsgottheiten in der Unterwelt, aus der sie im Frühjahr aufsteigen, um zum Winter wieder zu sterben – die Vegetation als Ausdruck eines Todes- und Auferstehungsglaubens. Auch der Gralsmythos ist von

einer Grün-Symbolik durchzogen, die das Stirb-und-Werde-Thema ausdrückt.
In heutiger Zeit, die durch Verfall beziehungsweise Zerstörung der Natur gekennzeichnet ist, gewinnt Grün eine deutliche Aufwertung. Die ökologische Partei benennt sich nach dieser Farbe. Die Angst vor der endgültigen Naturzerstörung und damit dem Untergang der Menschheit hat zu einer Wiederentdeckung der lebenswichtigen Funktionen des Grün geführt, die nicht bei der äußeren Natur Halt macht. Nicht nur in dem für unser Leben bedeutenden Bereich alternativer Kultur und der Aufwertung von Naturheilkunde hat sich Grün einen Platz erobert, auch in der Psychotherapie und Farbpsychologie kommt es zum Einsatz: Hier dient es vor allem zum Neutralisieren von Aggressionen.

Das heitere Orange

Die Farbe zwischen Rot und Gelb hat die Eigenschaften beider Farben in sich: Sie wirkt zunächst warm, angenehm heiter, aktivierend, erregend, ist eine Farbe sowohl der Körperlichkeit als auch der Emotionalität. Orange hat eine besondere Affinität zum Feuer, es steht in Verbindung mit der Sonne, als Mercurius archetypisch mit dem Feuergeist, mit gefährlich-vulkanischer Kraft.

Orange stellt vom Tod befreite Lebensenergie dar

Symbolisch stellt Orange vom Tod befreite Lebensenergie dar, es wird in Darstellungen des Pfingstfestes häufig benutzt, um die feurigen Zungen des Pfingstgeistes und die aufgehende Sonne zu beschwören.

Violett und Magenta zwischen Leben und Tod

Violett ist die Farbe der Abenddämmerung, des Übergangs zwischen Tag und Nacht. Tatsächlich wird es häufig als Mittlerfarbe zum Ausgleich zweier Pole gesehen: zwischen Rot und Blau, zwischen Himmel und Erde, Leidenschaft und Intelligenz, Liebe und Weisheit. Violett ist die Farbe der Mystik.

Dem gegenüber überwiegt die Verbindung von Violett mit dem Gedanken von Schmerz und Leiden, sogar Tod und Weltvernichtung. Violett kann auch als Störfarbe gesehen werden, die deprimiert, traurig, melancholisch oder sehnsüchtig macht. Im christlichen Bereich gilt es als Farbe der Buße. Dort übernimmt es gleichzeitig die Mittlerfunktion: Priester tragen Violett wegen ihrer vermittelnden Stellung zwischen Himmel und Erde. Mehr noch als sie hat der inkarnierte und leidende Christus diese Aufgabe. Auch er trägt in Bilddarstellungen oft einen violetten Mantel.

Violett hat Mittlerfunktion zwischen Himmel und Erde

Ein weiterer Aspekt des unentschiedenen In-der-Mitte-Seins hängt eng mit dem Aufkommen von Violett als Modefarbe und Farbe des Feminismus zusammen: Violett als Mischfarbe ist Ausdruck davon, dass die klare Definition der Geschlechterrollen in heutiger Zeit ins Wanken gekommen ist, dass männliche und weibliche Aspekte nicht mehr nur rein Männern und Frauen zugeordnet werden, sondern gleichzeitig in jedem Menschen enthalten sein sollen. Mit der Bevorzugung der Farbe Violett wehren sich die Feministinnen gegen eine verengte Rollenfestlegung.

Dass Violett über Jahre nun schon zu den Modefar-

ben gehört, könnte gesellschaftlicher Ausdruck eines androgynen Menschenbildes sein, zu dem auch der Erfolg solcher geschlechtslos wirkender Stars wie Michael Jackson passt.
Magenta ist von seinen Ursprüngen her die eigentliche Farbe zwischen Leben und Tod. Der Name leitet sich ab von der norditalienischen Stadt Magenta, wo 1859 die berüchtigte »Schlacht von Magenta« unter der Führung von General MacMahon zugunsten der französisch-sardinischen Truppen entschieden wurde und die unterlegenen Österreicher aus der Lombardei vertrieben wurden. Der auf Gemälden für das verflossene Blut verwendete spezielle Rotton wurde nach dieser Stadt benannt und hat sich auch bei uns als »Magenta« eingebürgert.

Braune Mutter Erde

Braun hat eine ambivalente Wirkung

Braun ist eine Farbe, die in ihren Bedeutungen ambivalent ist. Sie reicht von warmen, sinnlichen goldbraunen Tönen bis zum harten, kalten Braun.
Im warmen Spektrum, für das besonders der Maler Rembrandt vielseitige Verwendung gefunden hat, ist der Grundarchetyp des Braun die Mutter Erde. Braun ist die Farbe des Herbstes, seiner Blätter, seiner Erde, der Bäume, es ist auch die Farbe warmer Tierfelle, köstlicher Nahrungsmittel und wunderschöner und begehrenswerter Hauttönungen und -farben.
Auf der anderen Seite gehört zu Braun der Bereich des Kotes, der Verfaulung und damit des analen Komplexes mit seinen Ausprägungen von Zwanghaftigkeit und eventuell auch von Sadismus, wie er

insbesondere in den braunen Uniformen der Nazis zum Ausdruck gebracht worden ist.
Braun ist auch eine Farbe der Armut, Kargheit und Nacktheit. Im Mittelalter war es die Farbe der Bettler- und Büßerorden.

Schwarz wie die Nacht

Schwarz ist die Farbe der Trauer

Mit Schwarz assoziiert man Nacht, Finsternis und Schatten, auch Abgrund, Höhle – und natürlich Trauer und Tod. Schwarz ist in unserem Kulturkreis die Trauerfarbe in der Kleidung, Schwarz als Farbe der Trauer wurde eindrucksvoll in den Gedichten von Nelly Sachs und Paul Celan beschworen.
Es ist auch die Farbe der Gewalt in totalitären Systemen; man denke an die schwarzen Uniformen der SS und ihr Totenkopfemblem, und des Sadismus – auch im sexuellen Bereich.
In der Psychologie steht nach Lüscher Schwarz für Stauung, Abwehr und Verdrängung von Reizeinflüssen. Es bedeutet Verzicht und drückt die Idee des Nichts aus.
Symbolisch bildet Schwarz einen Komplex, zu dem Mutter, Fruchtbarkeit, Geheimnis und Tod gehören – wodurch ebenfalls eine Ambivalenz zwischen der positiven Seite – Geheimnis, auch Sinnlichkeit – und der negativen Seite – Finsternis – deutlich wird. Diese Doppeldeutigkeit ist auch in den Archetypen enthalten. So sind die »schwarzen Madonnen« auf Mutter-Gottheiten zurückzuführen. Andererseits sind auch die Götter der griechischen Unterwelt schwarz. Im christlichen Mittelalter wird der Teufel als »der

Schwarze« bezeichnet; der Tod wird auch als langer schwarzer Mann dargestellt, die Pest, der so genannte Schwarze Tod, in Form des Schwarzen Weibes. In Märchen gelten schwarze Figuren häufig als Verwunschene, die der Erlösung harren.

Weiß wie Schnee

Während Schwarz als die Farbe der Verneinung gilt, ist umgekehrt Weiß die Farbe der Bejahung, der absoluten Freiheit und Makellosigkeit. Mit Weiß verbindet man Licht, Helligkeit und Sonne, Schnee und Sand, Opfertiere, auch das Einhorn, die Symbolgestalt Christi. Die Farbe der Initiation ist Weiß in den Kleidern, die bei der Taufe, Hochzeit, Kommunion getragen werden, auch als Trauerkleidung in Afrika und Asien. In dem letztgenannten Zusammenhang gilt Weiß als die Farbe des Endes, häufiger jedoch wird es als Farbe des Anfangs gesehen.

Weiß ist die Farbe der Initiation

Im weißen Ei drückt sich am deutlichsten das Symbol der Potentialität und gleichzeitig der Vollkommenheit des Weiß aus.

Weiß ist einerseits die Farbe der Helle, der ungebrochenen Lichtfülle, der Unberührtheit und Unschuld, andererseits kann es als »unbunte« Farbe Mangel bedeuten, Leere, Einsamkeit und Unglück.

Im Christentum symbolisieren weiße Blumen, insbesondere die Lilie, die Reinheit und Vollkommenheit des Weiß. Es ist hier die Farbe der Offenbarung und göttlichen Herrlichkeit. Im Hinduismus gilt Weiß als Farbe der Erleuchtung und des reinen Bewusstseins, den Indianern schließlich bedeutet Weiß alles Geheiligte.

In altem Volksglauben spielte Weiß als Abwehrfarbe gegen böse Einflüsse eine wichtige Rolle; andererseits leitet sich aus der Leichenblässe auch das Weiße als Symbol für die Totengeister ab, sowohl in deutschem als auch beispielsweise in afrikanischem Volksglauben.

Anhang

Literatur von Ingrid Kraaz von Rohr

Farb-Energie-Set: Farbuntersetzer zum Aufladen für Flüssigkeiten mit der jeweiligen Farbfrequenz, Eigenverlag über Wrage-Versandbuchhandlung, Hamburg 1994.

Die Farben deiner Seele. Handbuch mit 12-Farben-Test, München, erweiterte und erneuerte Auflage 2007.

Gute Laune kann man essen. Farbtherapie aus der vegetarischen Küche, München, 2. erweiterte Auflage 2008.

Die Heilkräuter-Karten. Teerezepte, Essenzen und Tinkturen für Beschwerden von A–Z, Neuhausen am Rheinfall 1993.

Innere Stärkung der weiblichen Kraft - Farbmeditationen (CD), mit Chaitanya Deuter und Jack Löffler, Wrage-Versandbuchhandlung, Hamburg.

Meine Kraftfarben finden. Welche Farbe stärkt dich? Welche Farbe fehlt dir? Neuhausen am Rheinfall 2006.

Naturheilbuch. Schnelle Hilfe bei Krankheiten, Schmerzen und Beschwerden von A–Z, München, 2. Auflage 2007.

Das Original-Heilblüten-Farbkarten-Set, Neuhausen am Rheinfall (CH) 1992.

Praktischer Leitfaden Feng Shui. Gestalten Sie die richtige Umgebung für Gesundheit, Wohlbefinden und Erfolg. Schöpfen Sie Freude und Kraft aus ganzheitlichem Wohnen, mit Robert Hofmann, München 1995.

Die richtige Schwingung heilt. Das Praxisbuch für Bachblüten, Schüßlersalze und Farben, München, erweiterte und aktualisierte Auflage 2007.

Think pink! Positiv denken und leben mit Rosa, München 2005.

Wege zum richtigen Pendeln. Eine praxisbezogene Anleitung mit Übungskarten und Pendel in einem Set, Neuhausen am Rheinfall (CH), 3. Auflage 2003.

Wenn die Umwelt krank macht. Vorsorge und Selbsthilfe durch Naturheilkunde, München 2005.

Weiterführende Literatur

Klingel, Brigitta: *Exemplarisch vegetarisch*, München 2003.

Singh, Rajinder: *Heilende Meditation*, Neuhausen am Rheinfall (CH) 1996.

Singh, Rajinder: *Die Weisheit der erwachten Seele*, Neuhausen am Rheinfall (CH) 2001.

Farblampen

Zur Aktivierung der Chakren und Energiezentren, zur Farbtherapie, Farbakupunktur und zu Farbmeditationen sowie Experimenten wird eine professionelle kleine Farblampe angeboten:
Die MulticolorCombi.
Es handelt sich um eine Farbhandlampe mit einem Quarzglas-Pyramidenaufsatz zur Farbakupunktur sowie 2 x ca. 12 verschiedene Farbfilter, die praktisch beliebig kombiniert werden können.
Diese Farbhandlampe eignet sich für Punkt-, Akupunktur- und Spotfarbbestrahlung.
Die Lampe ist über die Wrage-Versandbuchhandlung erhältlich, Schlüterstr. 4, D-20146 Hamburg, Tel. 00 49 (0) 40-4 13 29 70, www.wrage.de

Weitere große Praxis-Farb-Lampe:
Hydrosun, D-79379 Müllheim, Tel. 00 49 (0) 76 31-36 63 20

Ibolux, Farblampen in diversen Größen, CH-8706 Meilen, Tel. 00 41 (0)1-9 23 31 60

Seminare und Fortbildungen für Patienten, Laien und Behandler

Natürliche Komplementär-Medizin
Auf der Eierwiese 5a, D-82031 Grünwald
Tel. 00 49 (0) 89-6 41 11 10
Fax 00 49 (0) 89-6 41 40 10
(Bitte frankierten Rückumschlag beilegen, danke)
E-Mail: ingrid.kraazvrohr@t-online.de

Meditationen mit dem inneren Licht und Ton

Deutschland:
Meditationszentrum
Schleißheimer Str. 22–24
D-80333 München
Tel. 00 49 (0) 89-54 21 20 65
Fax 00 49 (0) 89-54 21 20 66

Österreich:
Herbert Wasenegger
Mautner-Markhof-Gasse 13–15/V–3
A-1110 Wien
Tel. 00 43 (0)1-7 07 99 82
Fax 00 43 (0)1-7 78 66 34

Schweiz:
Angela Sailer
Tödistr. 20
CH-8002 Zürich
Tel. 00 41 (0)1-2 02 23 72
Fax 00 41 (0)1-2 02 23 02